一つの太陽
オールウエイズ

桜井由躬雄
Sakurai
Yumio

めこん

目次

はじめに …… 9

1 私は天丼にせよ、オムライスにせよ、最初にいつどこで食べたかを覚えている。そんな世代だ …… 11

2 官、財、学界が賠償を転機に大きく東南アジア進出に舵を切り、一方、バンドン・民族運動への共感を持つ若い潮流がアカデミズムの中に胎動していた。 …… 18

3 きなくさく、そして相当に胡散臭い東南アジア知識とは別に、時代の「要請」とは没交渉の東南アジア研究の流れが日本にあった。 …… 25

4 六〇年代~七〇年代の東南アジア現代史はまるで走馬燈だ。瞬間の影絵を見ているだけでは走馬燈の思想は理解できない。 …… 33

5 膨大なベトナム漢文史料のマイクロフィルム。この史料を読むのは間違いなく、世界で私が最初である。身震いするような思いで立ち向かった。 …… 40

6 妻と当歳の娘を横浜に残し、書籍を積んだトラックの助手席に積まれて、京都に旅立った。それは真剣な遊歴時代の開始だ。 49
7 三三歳の私は希望に胸をいっぱいにふくらませながら、タイの悪路を蹴散らしていった。それが最初の幸福すぎるくらいに幸福なフィールドの始まりだった。 57
8 高谷先生は答えた。五万分の一地形図にトレーシングペーパーをかけて、すべての情報を手写してごらんなさい、それが一〇〇くらいたまったらわかります。 65
9 確かに東南アジアには一つの文明がないが、代わりに東西六〇〇〇キロ、南北四〇〇〇キロにわたって文化的統一帯、「東南アジア文化」が連なる。 74
10 庶民と同じ目線から歴史を構成しなおしてみる。海と島、海とデルタ、森と水田、貴族と商人・農民がともにシェアしたはずの「歴史空間」を書きたかった。 81
11 私を第二次大戦後最初に会った日本人研究者だと言い、私が語る世界の学界状況を、まるで舌でなめまわすように聞き取る。世界に飢えたベトナム人と、ベトナムに飢えた日本人との幸福な邂逅だった。 88
12 バブルとは過去の成功に幻惑されて、未来の資本が投資されて発生する。その意味で東南アジア研究バブルの次代だった。 96

13 地域研究の世界でも、理論やら真理が出現し、ほとんどは瞬時にして掃き捨てられる。しかし「事実」を捨て去ることはできない。 105

14 東南アジアで文明が生まれなかったのは、あまりに豊かな自然のおかげだ。その共通の文化は、豊かな自然に同化して生まれた。 114

15 ところが先生は一言、そうして、みんな東南アジアの農民のことを忘れていくんだよな、とぼっつりと言った。酔いが一時に冷めた。 123

16 ドイモイ後は経済面での自由化が標榜されるが、実は学問の自由化も著しかった。科学にもっとも重要なものはデータであると、初めて公然ということができた。 132

17 一目見て好きになるかどうか。「一目見て」とは、感性で一瞬のうちに全体を理解することだ。地域把握の第一歩は一目惚れだ。 141

18 ベトナムの社会主義とは、狭い土地、過剰な人口、長い村落の歴史と経験が生み出した農民文化だと考えている。それが勤勉で安定的なベトナム社会の基礎だ。 150

19 私は重大なミスをしてしまった。現在は瞬間的に過去になる。その「かつての現在」の積み重ねが「新しい現在」を作っていることを無視した。 161

20
二〇〇二年八月末、ライデン大学の古式豊かな階段教室で四日間にわたるバックコック・シンポジウムが始まった。盛大な議論が噴出した。 171

21
一五年を費やしてバックコックから学んだ「食べるための経済」と「稼ぐための経済」の二重構造は、自給経済から市場経済に至るまでの過渡期の経済にすぎなかったのか。 181

22
「地域情報学」。地を嘗めるように調査し、微細で具体的な記録を身上とする地域学と、スマートで計量ばかりの情報学が統合されるものなのか。 193

23
この四四年間の私の研究の結論は、以下のとおりです。私はこよなくベトナムの大地を敬愛しています、私はこのうえなくベトナム人が好きです。 207

24
人生は人々の恩愛で、満ちあふれている。そして私自身の上空には、いつも「地域学」という一つの太陽があった。 223

『二つの太陽――オールウエイズ』を読んで …… 高谷好一 235

桜井由躬雄先生とベトナム史・東南アジア史 …… 桃木至朗 238

桜井由躬雄先生のベトナム学 …… 古田元夫 243
桜井由躬雄先生から学んだ地域情報学 …… 柴山　守 248
桜井先生とバックコック研究 …… 柳澤雅之 253
村に帰った冒険ダン吉：桜井由躬雄君 …… レヌカー・ムシカシントーン 258

桜井由躬雄【略歴】 i
【博士号】 i
【受賞歴】 i
【研究業績】 i
【海外調査・研究歴】 x

本書は会報紙『クルンテープ』（タイ国日本人会発行）の二〇一〇年一一月号～二〇一二年一一月号に連載された「一つの太陽――オールウエイズ」をまとめたものである。

はじめに

二〇一〇年二月一二日の石井先生の死は、戦後の日本で生まれ育った東南アジア研究の、太陽の早すぎる落日であった。そのとき、この落日が東南アジア研究の死に至らないかという不安を持った。このエッセイは、結局、その不安の分析にあてられるかもしれない。それは先生がもっとも悲しむことである。先生の死を乗り越えて、世界一を誇る日本の東南アジア研究をさらに輝かせる。それが私たちの、若い世代への新たなマニフェストのはずだ。そのために、ここで石井先生の死に至るまでの日本の東南アジア研究が歩んだ道について語ることにした。

幸運なことに私が東南アジア研究を開始したのは一九六五年、今から四五年も昔のことだ。私の人生と日本の東南アジア研究の歴史はほとんど重なっている。だから私の経た道の多くはそのまま日本の東南アジア研究の歴史に重なる。『クルンテープ』編集部の好意により、この私の思いが企画化された。うれしく思っている。

東南アジアという言葉

「東南アジア」という言葉、実は古い言葉ではない。アメリカ英語の Southeast Asia の訳語だ。冷戦期アメリカの国際政策の中に生まれた言葉だ。

東南アジアを初めて学問的な意味で定義したのは、アジア民族学の父、ウイーン大学のハイネ・ゲルデルンだ。ゲルデルンはインドと南中国の間の広大な「混合と転移」の地域を東南アジアと呼ぶことを提唱した。一九二三年のことだ。ところがまもなくユダヤ人のゲルデルンはアメリカに亡命した。その頃アジア・太平洋についての知識をほとんど持たなかったアメリカに大歓迎された。ここでゲルデルンはさかんに東南アジアという言葉を宣伝する。折も折、日本が南方に進出し、南中国からインドまでのほとんどの地を占領する。この日本の占領地域が東南アジアと呼ばれるようになった。

戦後、それも一九五〇年代、アメリカの世界戦略の中に、共産化された中国と反米中立を叫ぶインドの間の地、東南アジアの比重が高まった。世界地理の中に東南アジアという言葉が普通に語られるようになり、それがそのまま日本の小学校地理教科書に直訳された。私が世界地理を習ったのは小学校六年生、一九五六年のことだ。東南アジアという言葉が市民権を得たそのもっとも初期に、私は東南アジアにふれあったことになる。

1

私は天丼にせよ、オムライスにせよ、最初にいつどこで食べたかを覚えている。そんな世代だ

戦争

私は一九四五年一月、福井県の敦賀、気比神宮の門前町で桜井家の次男に生まれた。敦賀は母の実家だ。母と姉、兄は戦火の東京を逃れて疎開していた。大雪の晩だったという。七月一二日、小さな敦賀は大空襲をうけ、全市が焼亡した。そのとき母は八歳の姉、五歳の兄の手を握り、背中に当歳の私を背負って燃えさかる敦賀の町中を逃げ惑った。煙の中に私が息絶えたのではないかと何度もゆすっては、泣き声を確かめたという。既に六月に父が一人で残っていた東京の芝の家が焼かれていた。敦賀に母と子供たちを探しにきた父、

祖父とともに、祖父の隠居所のあった横浜の郊外、東横線妙蓮寺の家に移った。それからずっと、六五年もこの妙蓮寺の家に住んでいる。ちなみに、家の北隣が本誌の編集長レヌカー夫人の実家だった。レヌカー夫人、つまり秋山の良子ちゃんは、幼なじみのお姉さんで、お互いにひょんなことから東南アジア研究を一生続けることになり、したがって一生のお姉さんになった。奇遇だ。

占領

家の西隣はアメリカ系のアッセンブリーズ・オブ・ゴッド教会、日曜日にはひっきりなしに米軍の車両が来ては、「外人将校」さんたちを運んできた。西の坂を登ると、ウオッチタワー、山の上にはモルモン教会がある。アメリカ系キリスト教が鈴なりだ。

六歳のとき、私は脱腸の手術をした。満足な医薬品が日本の病院にはない。父母は手づるを求めて、横浜馬車道の国際親善病院に入院させた。進駐軍の病院だ。ここで私は初めてチーズを食べ、紅茶を飲んだ。そういえば、私は天丼にせよ、オムライスにせよ、最初にいつどこで食べたかを覚えている。そんな世代だ。折から七月、朝鮮戦争さなかの独立祭、占領下の横浜で、私は看護婦さんに抱かれて屋上から米軍兵士の行進を見学した。初めて重戦車を見た。日本人のバラックのような家よりも大きかった。

一〇歳のとき、横浜の山手の学校に転校した。桜木町から市電でとことこと通う。今の市庁舎から横浜公園一帯は、かまぼこ兵舎が埋めていた。そのあとは鉄条網で囲われた草原になった。山下公園の接収は長引き、将校ハウスが建ち並び、横浜の児童は、鉄条網のこちらから指をくわえてアメリカの少年たちのベースボール（野球ではない）を見ていた。そんな環境の中で、少年たちは二つの文化に引き裂かれる。親米か嫌米か、ジャズかクラシックか、ウエスタンかロシア民謡か。米軍に家を焼かれ、家業を奪われた桜井家は一家をあげて嫌米で、英語嫌いだ。私は英語ができなくて一生苦しむし、また早くからマルクスがストンと胸に落ち、だから左翼にジーンときたが、これはもともと嫌米トラウマの影響が大きい。そして日本の東南アジア研究も、他の多くの社会科学部門と同じく、嫌米か親米かの深刻なトラウマを抱えて出発した。

バンドン会議

一九四一年の開戦から四五年の終戦まで、どれほどの日本の青年たちが東南アジアの土を踏んだのだろうか。総数で一五〇万といったところか。一種の民族移動だ。しかし、四五年、戦前からの移住者を含め、すべての日本人が、ポンコツの船腹に詰められて東南アジアを追い出された。戦争を忘れたい、戦後の日本人の戦争トラウマは、東南アジアを忘れたい症候群としてながびく。それが変化していったのは五〇年代の後半ぐらいからだ。

ラジオがホーチミンを連呼している。私はそのとき、出窓にもたれていた自分をはっきりと記憶している。一九五四年、小学校四年の初夏、ディエンビエンフー戦だ。新聞の一面にディエンビエンフーの看護婦の記事が載ったのを覚えている。いま思えば天使と呼ばれたポール・ブリジットのことらしいが、もちろん当時は知らない。あの頃、確かに様子が変わった。ガリバーのように見えた白人たちがよろけだした。朝鮮戦争では米軍が三八度線以北から叩き出されているし、「インドシナ」ではフランス軍が連戦連敗を続けている。世論も朝鮮戦争の勝敗には緊張していたが、はるかに南、一九四五年には手をきったはずの東南アジアの戦争は対岸の火事だ。金筋と勲章で固まった金日成はどうにも怖い。ホーチミンがフランスをやっつけるのは、手塚治虫のヒゲオヤジが悪人を背負い投げするようで気持ちがいい。

ジュネーブ会議でインドシナの帰趨が明らかになる。一九五五年、インドネシアで開かれた平和と独立の祭典、バンドン会議を世界の青年たちは熱狂的に歓迎した。なんといっても出席する首脳たちがかっこいい。周恩来、ファンヴァンドン、シハヌーク、ウヌー、ネルー、ナセル、そして極めつきはスカルノだ。二〇世紀の英雄たちが一堂に会した。平和一〇原則が宣言される。すべての国は主権を持ち、平等である、相互にけっして侵略しない、すべての国際紛争は武力で解決しない。のちにそのことごとくが裏切られるが、そのときはアジア・アフリカの人々の理想を体現したものだった。

このバンドン会議に感動した青年たちが、五年後、安保闘争の主役になり、そしてベトナム戦争期に、日本の東南アジア研究に大きな画期を作る。独立と社会主義、一九五五年、時代の言葉だった。

ハリウッド

明らかにバンドン会議に対抗させる戦略的な意味があったと思うのだが、ハリウッドは立て続けに東南アジア関係の映画を作ってヒットさせる。一九五六年には極めつきのスター映画、デボラ・カーとユル・ブリンナー主演のミュージカル『王様と私』、主題の Shall we dance は一世を風靡する。一九五七年には、デーヴィッド・リーン監督がウイリアム・ホールデン、アレック・ギネス、ジャック・ホーキンス、早川雪洲と男臭いスターをきら星のごとくに集めた『戦場にかける橋』（コロンビアが制作、提供）、一九五九年にはフランク・シナトラとジーナ・ロロブリジーダを組ませた『戦雲』。東南アジアに持ち込まれた西欧文明の光、欧米軍人の正義とかっこよさをうたいあげる。『戦雲』の最後など、シナトラがビルマの奥地で中国軍人を大虐殺して終わる。『戦場にかける橋』ではビルマにビルマ人がいない。さすがにタイは、『王様と私』の上映を禁止した。野暮も見識のうちだと思う。

しかし、映画に目覚めたばかりの私など、隣駅前の白鳥座という映画館の、シミのついた椅子席でハリウッドに見呆けた。ジャングル、湿気と暑熱、優美な女性、欧米人が持つ文化なき東南アジアのイメージは、このときにできたと思う。

賠償

ただし、同時期の一九五六年の『ビルマの竪琴』は、なかなかに東南アジアを「見せる」映画だった。なんといっても北林谷栄がいい。観客の多くの人がビルマを知っている。戦時中、三〇万の若者がビルマに進駐し、うち一八万五〇〇〇以上が戦死した。日本人に東南アジアの嘘は描けない。しかし、東南アジアを一番知っている日本人に、東南アジアを表現する場はまだない。

その裏で日本と東南アジアの関係がじわじわと復活してきた。賠償問題の解決だ。いうまでもなく、戦争の四年間、日本人は東南アジアにたいへんな迷惑をかけた。かわりに東南アジアの諸国を独立させたと思っている日本人も多いようだが、東南アジア人の口のうまさにだまされないかぎり、それは嘘だ。残念ながらほとんどの東南アジア人にとって、一九四五年は「日本からの解放」の年だ。だから東南アジアにはご迷惑に対してお返しをしなければならぬ。独立して間もない、貧困に苦しむ各国もそれを待ち望んだ。日本と東南アジアの新しい関係は賠償問題から始まった。そして、この時期に東南アジア研究も息を吹き返した。五〇年代末である。安保闘争が間近い。次回は賠償と東南アジア研究の話をしよう。

2

官、財、学界が賠償を転機に大きく東南アジア進出に舵を切り、一方、バンドン・民族運動への共感を持つ若い潮流がアカデミズムの中に胎動していた。

「北京の五五日」（一九六三年）という映画がある。エヴァ・ガードナーが最後の妖艶さを彩る。一九〇〇年、義和団事件の北京。八ヵ国連合軍がよってたかって清国軍を虐殺する。アメリカが西側諸国を率いて、共産中国の封じ込めに躍起になっていた頃のハリウッド映画だ。伊丹十三が謹厳で勇敢な日本軍人を演じる。その頃ハリウッドはひたすら日本をほめたたえた。

フランスがインドシナ戦争に敗退した一九五四年以降、ヨーロッパ列強がアジアから手を引き、共産中国が出現し、インドの非同盟／反米化がはっきりする。日本をおだててアジアの橋頭堡にしようとするアメリカの意図はみえみえだった。

本来、謝罪金であるべき賠償を、日本のアジア再進出の引き金にしようなどと、どこかのワルが考え出した。賠償の名目で新興国へ資本を供与し、相手国を市場化しようとする。中国市場を失ってうろうろしている旧満洲帰りの人々がこれに乗った。その頂点がかつて東条内閣の商工大臣だった岸信介だ。

戦後の賠償交渉は、一九五五年の対ビルマ協定に続き、一九五六年の対フィリピン、一九五八年に対インドネシア、一九五九年に対ベトナム協定が調印される。以上四ヵ国の賠償総額は一〇億一二〇八万ドルに及んだ。一ドル＝三六〇円時代だから、三六四三億円、さらに対タイ特別円補償がある。(1) 一九五九年の国家予算はわずかに一兆四九五〇億円だから、たいへんな大盤振る舞いだ。

2 バンドンから銀座へ

しかし、戦後、東南アジアを忘れきったかのような日本は、三六〇〇億円の賠償先の環境や事情を知らない。アメリカの傀儡国家、中でも南ベトナムだけに賠償する岸政権の方針はまたとない野党の攻撃材料で、すったもんだした。野党もなんの知識もない。鶏三羽論というのがあって、日本が南ベトナムに迷惑をかけたのは鶏三羽だけだという。だから賠償額は巨額すぎるという、旧社会党系が流したデマだ。一九六二年、坂本徳松が国会参考人としてタイ特別円問題への意見を述べているが、サリットは反共政権、特別円補償はサリットを通じてアメリカの東南アジア侵略の資金になるからと全面反対する。タイのことを傀儡とだけみなす意識がみえみえだ。結局、日本の左翼はロシアや欧州の共産主義をわかろうとしてもアジアを理解しようとはしない。

アジア通を称する商社の側もその理解度もえげつない。スカルノ大統領は、ブンカルノの愛称のもと、今もインドネシア民衆に熱烈な尊敬を得ている。演説は情熱的で、押し出しがいい。戦前からの独立運動の指導者で、戦後はオランダを迎え撃ち、インドネシア共和国を守り抜く。バンドン会議の主役だ。

この国際的名士に我が国の商社は、銀座の高級クラブのホステスを秘書として「提供」する。二人の間に真の愛があったかどうかは問題ではない。商社が金と女などというきわめて古典的テーマで一国の英雄を籠絡し、しかもそれがそれなりに成功したことが問題だ。バンドンの英雄の名声は一朝にして地に落ちる。六五年の九・三〇事件、軍のクーデタでスカルノが失脚したとき、反スカルノのデモ隊がキモノを着た人形を焼き捨てたのは、民衆の失望を象徴するものだ。この背後には、かつての上海の闇機関児玉機関の児玉誉士夫がいたという。児玉は後述する大川周明の弟子であり、岸内閣のフィクサーだ。なんによらず、

「通」というのは下品なものだが、戦前の「アジア通」はこんなものだ。

東南アジア研究の復活

戦後、ながらく封印されていた日本の東南アジア研究もようやく息を吹き返した。もともと日本の学界には戦前から植民地研究・植民地学、また兵要地誌というアジア地域研究の伝統がある。満鉄調査部はその典型で、日本の満州・中国経営のシンクタンクとなった。日本の南方への関心が増大するとともに、東南アジア研究も生まれてきた。アジア主義者大川周明が主催した満鉄系の機関東亜経済調査局（一九〇九年創立）は、一九三〇年代にはもっぱら東南アジア、南アジア、西アジア

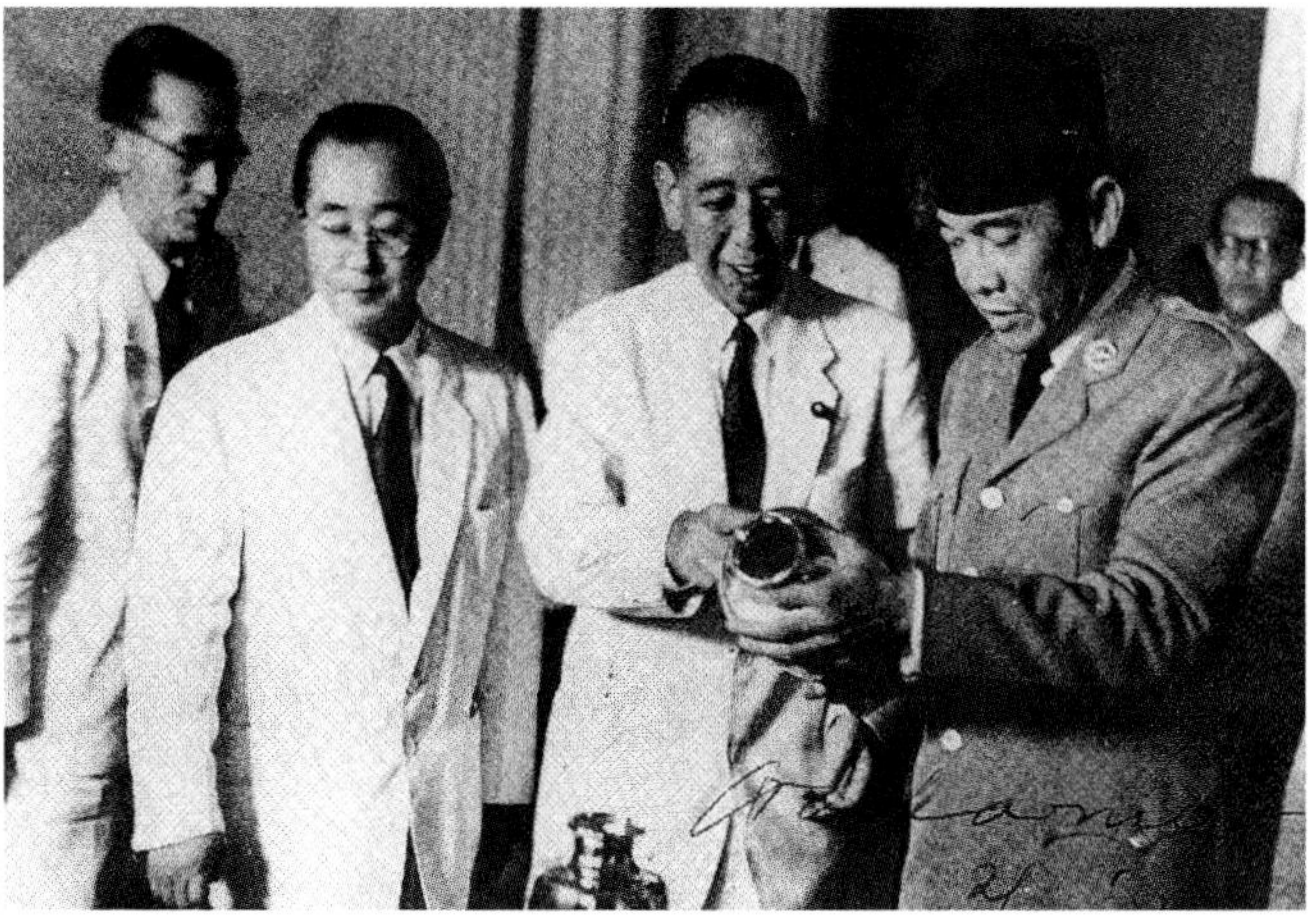

1957 年 11 月、ジャカルタで賠償協定の最終協議をする岸首相とスカルノ大統領

2

の研究にあたった。同局の『南洋叢書』全五巻や『南洋華僑叢書』は、東南アジアの優れた概説書であり、いまだにその価値を失わない。この研究所には中村孝志（後、天理大学、摂南大学教授。インドネシア研究）、坂本徳松（後、愛知大学教授。ガンジー・ホーチミン研究者）など戦後の東南アジア研究の大物が参加している。ベトナム、カンボジアの民族誌をまとめた山川寿（戦後、外務省）、ベトナム民族運動の紹介者大岩誠、インドネシアの啓蒙活動家カルティニ女史の最初の翻訳者牛江清名など当時、知られざる東南アジア像の紹介をしている。さらに戦後、都立大学人類学をリードした馬淵東一、日本最初の本格的なイスラム学者前嶋信次（慶應義塾大学教授）もこの研究所の出身だ。

　この人脈でわかるように東亜経済調査局は経済調査が主流だったが、同時に民族運動研究の中心から文化、思想の紹介を重視した。これに対し戦中の東京商大（現一橋大学）にも東南アジア経済研究の拠点が生まれた。経済地理学者佐藤弘編の『南方共栄圏の全貌』（一九四二年、旺文社）は、題名の示すとおり、日本の侵略版図の紹介書である。九〇二ページの大著は東南アジアの百科全書的地誌と言っていい。戦中、ジャワ調査に従事した東京商大の板垣與一は、戦後、一橋大学を拠点に東南アジア研究を継続する。板垣の『アジアの民族主義と経済発展』（一九六二年、東洋経済新報社）は、欧米植民地学の論評であり、植民地社会・経済研究の基礎テキストを提供した。

こうした戦前のアジア・シンクタンクの伝統を継承もしくは復活して、経団連の肝いりで通産省管轄の財団法人アジア経済研究所が設けられたのは一九五八年である。(2) 設立には岸信介が深く関係したと言われる。アジア経済研究所は、これに先行するアジア調査会のメンバー、戦前の商大の板垣與一や満鉄の原覚天が主導し、初代所長には東大を定年退官した東畑精一が就任している。東畑は戦前、東大の経済学部植民地政策講座主任を務め、フィリピン占領地軍政に協力した。戦後は東大で教鞭をとるとともに、フィリピン賠償にかかわり、また岸内閣の移動大使もつとめるなど、五〇年代の日本のアジア復帰に強く関係する。東畑は一九六八年まで所長を続ける。東畑の所長時代にアジア経済研究所は、戦前のシンクタンクから離れた独自な道を造り出した。それは理論研究よりも現地語とフィールドワークを重視する伝統である。以後、アジア経済研究所は、各大学の東南アジア研究に現地調査経験に富んだ優れた人材を提供する。

早稲田大学では早くも一九五六年には生産研究所、のちの大隈記念社会科学研究所（一九六三年社会科学研究所に改組）を設立して、アジアの時代に備えていたが、五六年にはインドネシア研究班を組織し、海軍通訳だった西島重忠をキャップにして、『インドネシアにおける日本軍政の研究』（一九五九年、紀伊国屋書店）を出版した。(3) これは日本軍政の対民族主義への対応を分析したもので、以後の日本政府、企業のインドネシア対応に貢献した。こ

2

の社会科学研究所を母体として、一九九七年、アジア太平洋研究所が組織された。
経済関係の官、財、学界が賠償を転機に大きく東南アジア進出に舵を切り、戦前からの東南アジア通が再活動を開始したとき、もう一つ戦後史学を基礎とし、バンドン・民族運動への共感を持つ若い潮流がアカデミズムの中に胎動していた。同時期、日本の青年たちの多くが安保闘争に炎上している。次回は安保以後の東南アジア史研究の勃興について語ろう。

【註】

(1)戦時中、タイで日本銀行所有の金塊を担保にバーツを借り入れた。戦後、その返還が長期にわたって両国の懸案になったが、一九六二年、池田首相とサリット首相の会談により、九六億円の分割返還が決まった。この会談の通訳が若き石井米雄教授である。
(2)当初は大手町に所在。一九六〇年に通産省傘下の特殊法人になってからは市ヶ谷に移り、一九九八年にJETROと統合し、翌年幕張に移転した。
(3)副班長の岸幸一が収集した軍政関係資料は、アジア経済研究所岸幸一コレクションとして、利用されている。

きなくさく、そして相当に胡散臭い東南アジア知識とは別に、時代の「要請」とは没交渉の東南アジア研究の流れが日本にあった。

3

ベトナム戦争

一九六〇年初夏の安保運動は戦後最大の「事件」だ。その一〇〇年前の桜田門外の変から一九六〇年まで日本の「政治の時代」だった。青年たちが政治に熱中し、狂騰した時代だ。安保はこの時代に終幕を下ろした。池田首相は所得倍増計画を発表し、日本全体が「経済の時代」に突入した。青年たちがロマンを持ちえない時代が始まった。同年一月、南ベトナムのベンチェ省に最初の内乱が起こり、ベトナム戦争が始まった。前年から時折、ラオス動乱[1]が報道されていたが、ほとんどの人は意識しなかった。東南アジアはまだまだ遠い。

石原裕次郎主演の映画に『夜霧よ、今夜もありがとう』（一九六七年、日活）というのがある。かの『カサブランカ』のリメークだ。最後は「裕ちゃん」が拳銃で暴漢をなぎ倒す。あまりの安手さに、顔がやや赤らむ。原作のレジスタンス運動は東南アジアに舞台を移す。東南アジアは麻薬、売春なんでもあり、新港埠頭の赤煉瓦倉庫の直裏手《ちょく》に広がった魔界のように描かれる。ただこの映画ではラズロ役がグエン（二谷秀明）という東南アジア某国の革命家に代わる。ベトナム戦争を意識したものであることはいうまでもない。魔窟から正義のリーダーを持つ東南アジアへ。ベトナム戦争は東南アジアのイメージを変えた。

すぐおさまるかに見えたベトコンのゲリラ戦争はながびく、どころか、メコンデルタのど真ん中アプバックで米顧問団と南ベトナム政府軍が大敗を喫する。南ベトナム政情は大きく揺れ動く。ちなみに日本が苦労した賠償交渉の相手、ウヌーもゴディンジェムもサリットも、そしてスカルノさえも五〇年代末から六五年秋までに失脚、処刑、病死の憂き目にあっている。東南アジアでの反政府運動の波は、賠償の時代を洗い流した。

東南アジア研究の新潮流

このころ、「国際事件記者」なる人々が出現した。二〇一〇年に八八歳で死去した大森実はその代表で、編著の『泥と炎のインドシナ』（一九六五年、毎日新聞社）は、世界を股にかける一方、泥まみれの戦場で、草むし水つく取材の「かっこよさ」を知らせた。当時一〇代の末だった私は、「国際事件記者」に憧れぬいた。ベトナム戦争と東南アジアは、安保後閉塞した日本に夢とロマンの舞台を与えたのだ。

しかしただのロマンでは終わらない。戦後は科学の時代だ。このときまで、せいぜいが政治「通」、経済「通」の独壇場だった東南アジア研究は大きく変わりだした。六〇年代初め、一九五四年のジュネーヴ会議、一九五五年のバンドン会議とうち続く民族主義の潮流の中に青春を過ごした世代が研究の前線に参加してきたのだ。

1959年11月、第八次安保改定反対統一行動で国会を包囲した民衆。日本にもこんな時代があった。

賠償問題を機に財界、政界、ジャーナリズムに流出したきなくさく、そして相当に胡散臭い東南アジア知識とは別に、時代の「要請」とは没干渉の東南アジア研究の流れが日本にあった。明治期以降、日本には江戸時代以来の漢学伝統と欧州直伝の東方学《オリエントロジー》が合同して、東洋学、東洋史なる学問分野が生まれた。もともとは日本の大陸進出に情報を与える実学だった。東洋史は満鉄調査部の成立などにも深く関与している。大正時代、南方に関心が高まるとともに、東洋史の中から中国資料から東南アジアを考える「南方史」が誕生した。中国学の藤田豊八（台北帝国大学）や桑原隲蔵[2]（京都帝大）らは古代・中世の中国南海関係を厳密な資料実証によって研究している。南タイ東海岸のパタニが唐代以前からランカスカというサンスクリット名で知られる古代都市だったことを発見したのは藤田豊八だ。

この南方史の伝統を発展させたのはなんといっても山本達郎（東京大学、国際基督教大学教授）だ。山本は二〇〇一年に死去するまで、なんと六〇年近く日本の東南アジア史をリードし続けた巨人だ。山本は戦前既に名を馳せた東南アジア研究者だし、一九四二年には東大内に南方史研究会を組織したが、一切の戦争協力に荷担せず、対軍部おべんちゃら記事は一つも書かない。だから、戦後、研究機関や大学での東南アジア研究がすべて解体したときも、山本東南アジア学は戦前戦中と変わることのない研究を継続できた。山本の直弟子たちは、それぞれの地域の専門研究に散らばる。白鳥芳郎（上智大学教授）は雲南からタイ山地へ、和田久徳（お茶の水女子大学、放送大学教授）は中国東南アジア交易・琉球王国、荻原弘明（鹿児島大学教授）はビルマ史で漢文と宗主国言語に精通したすぐれて実証的な研究を残す。やや若い世代ではアンコール学の展開をはかった石澤良昭（上智大学教授）、岩波の大航海時代叢書を編集して、一七世紀までの島嶼東南アジアの歴史を紹介した生田滋（大東文化大学教授）が、彼らを継承し、現代の前近代東南アジア研究につなげる。

戦後、七〇年代までは東南アジアはおろか欧米にさえ行くことが困難な時代が続く。山本一門の東南アジア研究は漢文を中心とした文献に頼らざるをえない。その限界が精緻な文献研究の伝統を日本東南ア

山本達郎先生（左）、筆者（中央）、グエンズイクイベトナム社会科学委員会主席（右）。1988年10月

ジア研究に持ち込んだ。裸でぶっつけ本番、現地に乗り込むことをよしとする当今の東南アジア研究とは違う。私はさんざん山本先生に反抗しまくった不肖不逞の弟子だが、山本門下にあったことを誇りにしている。

戦後史学

戦後史学という流れがある。(3) 戦後史学は民衆の歴史を、伝統的な社会経済史の方法で描こうとするアカデミズムの運動だ。なぜアジアは植民地化され、どのようにして独立を獲得したか。日本の軍政は、結局エピソードだったのか、コミンテルンの運動はなんだったのか、戦後史学の業績を東南アジアで展開したい。そのまじめな学問的渇望をかなえ、戦後史学を許容できる場は山本門下しかない。バンドン世代が山本門下とその周辺に結集しだした。六〇年代前半、ベトナム戦争がようやく人々の関心を引きだしたころである。

伝統的なフランス・クメール学を社会経済史的に展開させた金山好男（一九六三年、二八歳で早逝）、植民地期ビルマ社会の研究者竹村正子（一九七九年、四三歳で早逝）、同じく植民地期インドネシアの森弘之（立教大学教授）、やや遅れてフィリピン独立革命を基礎文献から理解しようとする池端雪浦（東京外大教授）らは、植民地言語にも現地語にも堪能で、しかも戦後の史学理論にも深い見識を持っている。なによりも三〇年代末の生まれ、この頃は二〇代後半のばりばりの研究盛りだ。初めて現地や宗主国への研究留学ができた世代でもある。六五年、二〇歳で初めて山本門下に入ったころの私は、大先輩たちがきら星のごとく並び立ち、次々と東南アジアの歴史が解明されていくのを目の当たりにした。

同じ頃、日本東洋学のもう一つの牙城、京都では山本と同年代の藤原利一郎（京都女子大学）が活動を始めている。藤原は戦争中に大東亜留学生としてベトナムに学んだ。深い漢文とフランス語の知識を武器に、東南アジア古代、ベトナム前近代、華僑史など多様な世界に、実証的な社会史研究を持ち込んだ。藤原はまた優れた教育者で戦後生まれの京都の青年たちに慕われ、京都東南アジア史学とでも言うべきスクールを生んだ。

山本や藤原のスクールが地味だが活気にあふれた研究世界を構築している時期は、経済復興なった日本人の海外渡航が少しずつできるようになった時代と重なる。東南アジアはますます日本に重要な経済的市場となっていく。一方ベトナム戦争はますます苛烈になっていく。この状況下に、民族・人類学と国際関係学が、六〇年代後半、新しい東南アジア研究のスクールを作り出していく。次号は高度経済成長という大激動下の東南アジア研究を見ていく。

3

【註】

（1）一九五九年から六二年までのラオス愛国戦線と右派王国政府との戦争。サリットのタイが義勇軍を派遣し、アメリカが大量の軍事援助を行なった。愛国戦線側もソ連、中国、北ベトナムの援助を得た。ベトナム戦争の前哨戦とでもいうべき戦争。

（2）桑原は中国人の食人風習という猟奇的題名の研究で今でも有名だが、畢生の傑作は『蒲寿庚の事蹟』（『桑原隲蔵全集』全六巻　岩波書店、一九六八年岩波書店第五巻）で、宋代の南海貿易を語り尽くしたところにある。

（3）現在「自虐史観」などと、右翼の目の敵になっている。歴史学とは本来過去を否定してはじめて、現在が定立することを理論的前提にしている。過去の批判を自虐と呼ぶのは、史学と司馬遼太郎の区別ができない長屋論議だ。えせ学者が騒ぐのは笑ってすませるにせよ、政治家や企業人がこれにのるのは犯罪だ。もっとも戦後史学は社会主義の温床に利用しようとするヤカラが、史学を教条的な無価値な学問にしてしまったのも事実だが。

3

4

六〇年代〜七〇年代の東南アジア現代史はまるで走馬燈だ。瞬間の影絵を見ているだけでは走馬燈の思想は理解できない。

六〇年代、地球は忙しすぎた

ウエスタンのはやった時代があった。ウエスタン全盛の頂点は一九六〇年の『アラモ』(ジョン・ウエイン監督主演)だろう。男ジョン・ウエインはその後もたじろぐことなく、アメリカの夢を演じ続けるが、ベトナムでの陸軍特殊部隊を描いた『グリーン・ベレー』(一九六八年)で反戦運動の高揚の中に完全にこけた。かつて豊かさと民主主義を独占したアメリカは、ベトナムの泥沼の中に埋もれ、その栄誉は二度と浮かび上がらない。

一九六三年、私は一八歳、大学一年生。世の中は東京オリンピックで浮かれていたが、私も私の周囲も、東京タワーにもオリンピックにも、新幹線にもほとんど興味を示さない。どれも日の丸つきお子様ランチに見えたものだ。地球は忙しすぎた。中国の最初の核実験は東京オリンピック当日だし、ベトナム情勢はますます険悪、僧侶の焼身自殺が相次ぐ。一一月一日、南ベトナムのゴディンジェム大統領が殺され、一一月二五日にはケネディ大統領が殺された。その若々しさ、キューバ危機、公民権問題、その指導力とリベラルさが際だっていただけに、その死は嫌な時代の再到来を予想させた。

一九六四年の八月、私は渋谷で働いていた。東南アジア賠償で電話網を敷設する設計会社で電話路線図をトレースしていた。突然、誰かがつけたラジオがトンキン湾事件を報じた。トンキン湾で米駆逐艦と艦載機が北ベトナムの艦艇を撃沈し、沿岸を爆撃したという。ベトナムで一国一民族の命運をかけた戦争が始まる。身が震えた。ベトナム研究をする。国際事件記者になる。防弾チョッキに身を包んで戦場を駆け巡る。それが私の夢になった。

東南アジア史学会

一九六五年、二〇歳の私はアジア研究の熱気溢れる東大東洋史研究室でアカデミズムの洗礼を受けた。東大東洋史は当時、黄金時代と言われた時代だった。そうそうたる教授陣が古い東洋学の革袋に戦後史学の酒を包み、満ちあふれさせていた。緻密なテキスト分析、壮大な歴史認識。ベトナム戦争で一発あてようと思ったけちな夢は瞬砕された。

情報と教養は違うのだ。情報は社会に属し、教養は個人に属する。情報はお金で売り買いできるが、教養には市場価値がない。しかし、教養がなければいかなる情報もその価値を見出せない。たとえばベトナムの古典文学研究は一見、きわめつきのオタク研究に見える。しかし、ベトナムの青年たちはその古典文学を通じてベトナムを愛し、そのために死んでいく。戦略や外交、経済を分析するだけではけっしてベトナム戦争はわからない。それがわからなかったアメリカはベトナム戦争に敗れ、わかろうとしないアメリカはイラク・アフガン戦争にその身を焼いて苦しむ。

情報の収集、分析は企業や官庁のシンクタンクでもできるが、教養は大学でだけ涵養される。日本の文科省はそれがわからない。またそれがわからない大学経営者が激増した。かくて教養課程は解体され、連動して大学の使命も事実上終わった。

一九六〇年代、山本教授は月一で本郷の教室の片隅を借り、戦前からの弟子を集めて南方史研究会を開いていた。一介の学部学生だった私はここで名だたる大先生方に囲まれて、最新のアメリカの東南アジア史を読まされ、その批判を聞かされた。日本の東南アジア前近代史のレベルの高さに仰天した。なんといっても日本の東洋学には世界一の漢文の伝統がある。そしてヨーロッパ人が渡来するまでの東南アジアの史料は、漢文か、サンスクリットや現地語で書かれた碑文や年代記しかない。この時期、現地語やサンスクリットの読解ではまだまだ欧米の研究者に利があったが、こと漢文なら日本が世界一だ。読解力だけではなく、文献考証についても、日本の東洋学は群を抜いていた。

このメンバーが翌一九六六年、たぶんベトナム戦争に連動して「東南アジア史学会」を創立する。東南アジアに関するありとあらゆるディシプリンがこぞった。東大、慶応、早稲田、上智など都内主要大学の東洋学者は御大では板垣與一（一橋大学）の開発経済学、松本信廣（慶應義塾大学）の民族学、若いところでは大林太良（東大）の文化人類学、量博満（上智大学）の考古学、ほかに宗教学や国際政治学、経済学の中堅若手が結集した。筆者は日本の東南アジア研究の水準は世界一と自負しているが、そのレベルアップの原動力となったのは、この学会の以後四〇年にわたる苦闘の結果だ。当時、会員は五〇名前後にすぎなかった。それから四十余年を過ぎて七〇〇名を越す。日本の東南アジア研究の歴史は東南アジア史学会の歴史でもある。

4

ASEAN

六五年春、米海兵隊がダナンに上陸する。ソ連も中国も手出しはしない。米軍の本格介入が始まる。六七年末までに米派遣軍は四七万二〇〇〇に膨れあがった。韓国、豪州、ニュージーランド各軍が加わり、国際反共十字軍ができた。しかし、ベトナムはただ一国で猛反撃する。いらだったアメリカはあちこちで軍部を使って悪さをする。インドネシアでは一九六五年、九・三〇事件が起こり、共産党員が大虐殺され、スカルノが失脚し、親米開発を唱えるスハルト体制ができる。タイはあいかわらずの軍部独裁、フィリピンやマレーシアでも腐敗と独裁がついて離れない。これが一九六七年のASEAN結成に結びつく。だから当時、ASEANは親米反共のボス同盟程度にしか思われなかった。それが八〇年代には高度発展地域連合のモデルになる。その頃、東南アジア唯一の平和な中立国がカンボジアだ。一〇年もたたないうちに大虐殺を引き起こし、二〇年続く内乱に飛び込む。六〇年〜七〇年代の東南アジア現代史はまるで走馬燈だ。

瞬間の影絵を見ているだけでは走馬燈の思想は理解できない。すべての絵柄を通じた「とき」の理解が必要だ。もちろんアメリカにもハーヴァードオリエンタリズムの伝統はある。しかし、この地のオリエンタリズムには戦後史学もなければ、現実のアメリカのテーマである東南アジアへの関心も低い。

地域研究

一九六六年頃、私は毎日駒込の東洋文庫で漢文のベトナム文献を渉猟していた。隣のデスクでひげ面の巨漢がいつも大南実録を一ページ一ページとめくっていた。その読解速度はなんとも哀れだったが、難解な漢文と格闘して倦むところがない。のちに、*Vietnam and Chinese Model*（一九七二年）を出版して、ベトナムは小中国ではないことをアメリカに知らしめた大碩学アレキサンダー・ウッドサイドの若き日だ。しかし、ウッドサイドといえども、ハーヴァードには残れない。ハーヴァードのオリエンタリズムは誇り高い中国研究のためにある、ベトナム研究などは胡散臭い、とアメリカの教授陣は考えたのだろう。ベトナムの地にアメリカの数万の青年たちがその骸を並べていたのに。

山本先生が偉大というのは、ここにある。先生は東洋学の大重鎮であって、同時に東南アジアの現代世界の中での位置を見抜き、歴史学を主体とする地域理解を提唱した。先生と東南アジア史学会によって東洋学は現代に接合し、東洋学を意味あるものにし、現代研究を奥深いものにした。オリエントロジーとアジア理解が切り離されたアメリカではそれができない。ラオス、ベトナムと苦しみ続ける六〇年代のアメリカは、地域研究という新しい学問分野の創出によって、その隘路を越えようとした。アメリカでは地域研究は情報獲得術であり、ジャーナリストや政治家に、複雑な現実を手際よく説明するためにある。アメリカ特有のモデル信仰はものごとの単純化に便利だ。しかしそれは所詮、使い捨てのブリーフィングの学問にすぎない。ベトナム戦後、かの国の地域研究はほとんど解体した。

しかし、地域研究が日本にもたらされたとき、それはまったく異なる展開、日本の地域学を生み出した。次回は日本最初でかつ独自な方法論を誇る地域学センター、栄光の京大東南アジア研究センターの展開と若き石井米雄先生の登場について物語ろう。

4

5

膨大なベトナム漢文史料のマイクロフィルム。この史料を読むのは間違いなく、世界で私が最初である。身震いするような思いで立ち向かった。

直視に耐えず

若松孝次監督の『連合赤軍あさま山荘への道』（二〇〇八年）を見た。誠実であるがゆえに殺される青年たち。純粋であるがために虐殺者になる男女。六〇年代末から七〇年代はじめ、若者が時代の狂気に染まっていく。ほとんどは私と同じ、四四〜四五年生まれの貧しい都市サラリーマンの子たちで、大人たちの不正に怒って闘争に参加した。私や友人たちはみな馬の背の道を歩いていた。ちょっとよろけて転落すれば、雪の山中で殺される道までまっすぐだ。自分が当事者だったかもしれぬ巨大な悲劇は、直視に耐えない。合掌。

ムラを求めて

連合赤軍の青年たちが革命参加を決意した一九六六年ごろ、私はベトナム研究を一生の仕事に決めた。ベトナム史をかじると、この国の基盤は村落であることがわかる。村落の人間関係の紐帯が不屈の抵抗を可能にする。農業不振、出稼ぎ、都市化、日本の村落が解体に向かう時期だ。そんな時代に抗して、私はベトナム村落研究にのりだした。

北部ベトナムの村落には、一九五六、七年の土地改革まで公田という制度があった。ムラが土地を持ち、税負担と引き替えに村民に平等に割り当てる。一五世紀からあった。五〇〇年にわたって一種の共産制度が保たれた。一九六〇年以降の合作社制度はこの伝統を基盤にしている。共同体伝統と土地集団化、そして対米抗戦。まさに「ヴェラ・ザスーリチの書簡(1)」そのままではないか。社会主義ベトナム、抗戦ベトナムは公田制度によって育まれたものだ。ベトナム公田制度の研究を開始した。山本達郎先生が大量の公田関係資料を含む膨大なベトナム漢文史料のマイクロフィルムをパリから持ち帰った。そしてこの史料を読むのは間違いなく、世界で私が最初である。身震いするような思いで、旧式なマイクロリーダーに連日立ち向かった。まじめな二一歳だった。

5

理論ばなれ

史料を読み進むうちにヴェラ・ザスーリチへの手紙などすっ飛んだ。マルクス研究者たちが、マルクスにおけるロシアの共同体概念がどうのこうの、土地所有概念がどうのこうのとねじりはちまきで息巻いても、誰一人、現実の共同体がどのようなものであったかに興味を持たない。しかし、私は私だけができる史料の読み解きから、現実にあったベトナムの共同体を知り、その結果、ベトナム戦争を分析することができる。

私たちの世代、理論とは思想であり、思想は命に等しい。理論信仰をやめたことが、馬の背から転落を救った。山本先生の招来された大量の史料が、私の命を救ったことになる。こうして一九六七年正月、私は最初の学術論文で二〇年のあとに文学博士請求論文のもととなる『ベトナム村落共有田の研究』を書き上げる。二一歳のことだ。中国古代史の泰斗西嶋定生教授が、一行ごとに注を書き込んでくれた。のちに私が大学院に再入学したとき、札付きの反体制学生だからと反対する教授会に、私を弁護してまっこうから啖呵をきってくれたのが西嶋教授だ。

ひどい話で、私はこの年に受けた大学院試験にフランス語で失敗してしまった。その晩のうちに山本達郎先生が手をまわしてくれて、私はジョルジュ・セデスの『インドシナ文明史』(みすず書房、一九六九年)の翻訳者の一人になっていた。翻訳をしながら、フランス語を徹底的に勉強せよという山本先生の心づくしだ。この本は、現在もインドシナ前近代史の基本書として読み継がれていると聞く。あの頃は学生も教授も熱かった。

しかし、そんなすばらしい東洋史から私は次第に離れていった。史料主義とは事実主義だ。事実は一つ、それも解釈ではなく、厳然として存在したものと考える。しかし、実際には、史料は多分にいかような解釈も可能で、だから学説論争が生まれる。中でもマルキシズムの強い影響下にあった戦後史学は論争好きで、明けても暮れても封建がどうの、近代がこうのとやっていた。論争は当事者にはおもしろいが、社会がそれに関心を持つとは思えない。行かれもしない外国の、それも過去のことを文献だけで想像する。本当のアジアを理解するには、いかにも無理がある。結局、歴史学の事実とは信仰だと思った。書かれたことを事実と思い込むだけだ。なんとも頼りない。私はこれは事実だと自分で信じられる研究がしたいのだ。

学園闘争の中で

一九六八年、修士に入った。その頃は学園闘争の中で、私は東大解体を叫んでいた。一九六九年、安田の戦いのあとも文学部の闘争は続いた。その年の暮れ、東大文学部教授会は私ほか活動家の学生を無実の罪で告発し、警察はただちに「暴力行為等処罰に関する法令」で逮捕状をとった。翌日、数名の学生が逮捕され(全員、一審で無罪確定)、私たちは一斉に潜った。六八年から逮捕状失効の七五年まで、学界から足を洗った。私たちは書を捨てた。何十万という学生たちが、国家に、社会に、大学にNOを繰り返す。そのかなたにベトナムがあり、ゲバラがいる。そんな形でしかアジアに関わり得なかった。

それから二〇年もたった一九九一年のこと、私は同世代のベトナム人助教授と中部ベトナム、のちに世界遺産になるチャムの遺跡、ミソンの山を登っていた。当時は満足な道もない。雨風の強い日で、全身ずぶぬれになった。突然、助教授がロシア語の歌を歌い出した。民族独立行動隊、カチューシャ、国際学連、ワルシャワ労働歌、次々と歌い出される歌は私たちの青春の歌でもあった。私は日本語で唱和した。二人で歌いながら山を下った。あの頃、世界の青年たちが語りあうなど夢でしかなかった。それでも私たちは同じ歌を歌い、同じ思いを抱いていたのだ。あの幼い国際共同幻想はけっして虚構ではなかった。

5

京都大学東南アジア研究センター

私たちが反ジョンソン、反佐藤にその青春をたぎらせていた頃、京都大学で新しい運動体が生まれていた。話はさかのぼる。一九五〇年代の末頃、東南アジアという市場が突然日本人の前に現出した。当時、京都大学では生物・生態学の今西錦司学派が絶頂にあった。今西先生の種社会棲み分けや個体認識論がそのまま広がったわけではない。京大ロマンティシズム、欧米科学丸々コピーへの反発、学界・研究室の封鎖性への批判、そして海外フィールドワークへの憧れが凝ったものが今錦学派だ[2]。この時期、広義の今錦学派の流れを組む農学者、生態学者と東南アジアが結びついた。

ありし日の東南アジア研究センター

5

一九五八年、京都大学に東南アジア研究会が生まれた。新たな世界に興味を持つ若者たちが集った。その中に地域学の理論化に努めた立本成文（社会人類学）、東南アジアの特色を小人口社会とした坪内良博（社会／人口学）、最初の総合的村落研究ドンデーンを組織した福井捷朗（農学）、在地の生態感覚を重視する「風土の工学」の海田能宏など、のちに日本地域研究を地域学に高めた人々がいた。東南アジア研究会は次第に発展し、学内措置で東南アジア研究センター、そして一九六五年、センターは正式に官制化された。一つしかないセンターの講座は、「生物資源構造」である。私は強調したい。日本の東南アジア研究の根っこの一つは生態学にある。生態という枠の中で、歴史を考え、社会を分析する。これは日本の東南アジア研究の強みであり、誇りである。のちに文理統合が声高に騒がれる三〇年も前のことである。

まだまだ日本の学問は貧しかった。センターはその初期に、アメリカのフォード財団の援助を受け、海外の研究事情研究や留学生の派遣を行なった。一九六四年にはアメリカのベトナム関与が本格化し、一九六五年九月には九・三〇事件が起こって、インドネシアは一挙にスカルノ反米体制からスハルト親米体制に衣替えした。時代がきな臭い。フォードからの資金供与は当然にも既存のアジア研究者たちの怒りを買い、反センター運動が京大を中心に盛り上がった。以後、センターはアメリカ帝国主義の手先として見られ続ける。セ

5

ンターの一〇周年行事では、つぶそうとする学生ともみあいになり、石井先生はじめ複数の教官が傷ついた。だいたいがセンターは京大キャンパスの中に設けることもできなかった。センターが京大の中にエスタブリッシュされるようになったのは、七〇年代の末頃からだ。

その頃、関西にはアカデミズムとしての東南アジア研究は存在しない。研究方法論もなければ、論文のモデルもなかった。この中で石井先生は、唯一の「師」としてふるまう。タイに関心を持つすべてが参加できるプロジェクト「第一次タイ計画」、「第二次タイ計画」を立案実行し、多くの若者たちをタイに送り出すとともに、タイ研究をアカデミズムとして深めていく。

一九七六年、逮捕状も失効し、私は卒業論文をリメークしたいくつかの論文を学会誌に発表し、八年ぶりに学会に参加した。久しぶりの学会の中で、八年前とは違う東南アジアのフィールドの匂いが紛々としていることに気づいた。確かに七〇年代にはトリスを飲んでハワイに行ける程度には海外旅行が楽になった。しかし、それ以上にその匂いの中心に石井先生がいた。ほとんど初対面のときに石井先生は、この悪名高い左翼学生を、いとも軽々とセンターの助手に誘ってくれた。

次回では七〇年代後半、センターに移った私がセンターと東南アジア史学会関西例会で

5

なにを見聞きしたかを語りたい。

【註】

(1)カール・マルクスの一八八一年書簡、遅れた専制国家ロシアでは、伝統的な農村社会主義を近代的な農村共同体に革新させることができるとした。

(2)イマキン学派の総帥とみなされた梅棹忠夫が、戦後初の東南アジア広域調査を敢行したのが、一九六二年のことで、このとき諸事雑用係とし在タイの日本大使館が派遣したのが理事官石井米雄である。梅棹の『東南アジア紀行』(中央公論社、一九六四年)には、若き日の石井の活躍が活写されている。

6

妻と当歳の娘を横浜に残し、書籍を積んだトラックの助手席に積まれて、京都に旅立った。それは真剣な遊歴時代の開始だ。

遊歴時代

教養小説というのがある。有名なものでは『車輪の下』や『ジャンクリストフ』がある。ゲーテが『ウイルヘルム・マイステル』で創始したらしい。人間の一生を中世ドイツの徒弟制度にならって三つに分ける。修業時代、遊歴時代、そして親方時代。この分け方は自分の人生を考えたときにわりとストンと落ちる。私は二〇歳、苛烈を極めるベトナム戦争のただ中に東洋史に入り、三〇歳で結婚し、同年、ベトナム戦争が終了した。この疾風怒濤の時代が私の修業時代だ。石井先生に請われるままに、一九七七年四月、まだ大学院生だった妻と当歳の娘を横浜に残し、書籍を積んだトラックの助手席に積まれて、京都に旅立った。それは真剣な遊歴時代の開始だ。

センター

私は京大に一三年間奉職したが、京都の映画館に入ったことはない。この間、どんな音楽がはやり、どんな文学があったか、まったく記憶にない。五時に起床して、一番で宇治の自宅から京阪三条にで、鴨川をぶらぶら散策しながら六時には研究室につく。コーヒーをいれる時間ももどかしく、あとは史料を開き、読む史料との戦いだった。寝ても覚めても東南アジアだけを考える日々だった。

私はひたすら興奮していたのだ。なにより人だ。その頃センターには、所長の市村真一教授以下、教授に地形学の高谷好一、土壌学の久馬一剛、人口学の小林一正、経済学の安場保吉、人類学の水野浩一、助教授には水文学の海田能宏、農学の福井捷朗、経済学の吉原久仁夫、社会人類学の立本成文、社会人口学の坪内良博、政治学の矢野暢がいた。助手がすごい。筆頭助手は、言語学の三谷恭之（後　東京外大教授）、ついで森林学の山田勇（同京大教授）、政治学の土屋健治（同京大教授）、山影進（同東大教授）、経済学の江崎光男（同名大教授）、気候学の安成哲三（同名大教授）、のちに作物学の田中耕司（同京大教授）、情報学の柴山守（同京大教授）が加わった。八〇年代、九〇年代の日本の東南アジア研究をそれぞれの分野で担いきった俊秀、英才がきら星のごとくに集まった。

その頃は東南アジア研究者といっても、誰しもが、それぞれのディシプリンの代表者である気負いを持っていた。しかしそれぞれに東南アジアへの夢のために、自らのディシプリンとの間になにがしかの鬱屈がある。

オーラ

私には忘れられない思い出がある。真夏深夜である。その頃は研究室に泊まり込んで家に帰らない日が多かったが、まだクーラーが部屋ごとにある時代ではない。暑くて庭に出た。別棟一階の研究室の入り口ドアが開いて光があふれている。ふーと吸い寄せられるように研究室の前に出た。開け放たれた入り口の彼方が、強烈な光の中におかれている。まるで白熱の炎が燃えさかっているようだ。その光の中に土壌学の久馬教授がむこうをむいて座り、一心不乱に顕微鏡を覗かれている。そのとき、その白熱の光が机上のランプではなく、白衣の久馬先生の体全体から放つオーラの光であることに気づいた。私は部屋に入ることはもちろん、先生に声をかけることもできないままに、先生の後ろ姿に最敬礼するしかなかった。あの頃は誰もが聖なる狂気の中にあった。

　毎日、毎晩、古びた一階の狭く、汚い食堂で、ディシプリンごとの地域理解についての、激論が闘われた。経済学はアンコールワットをこう考え、農学はアユタヤをこう分析し、歴史学は現在の東南アジアをこう総括する。甲論乙駁、ケンケンガクガク、白熱する議論の総括者として、いつも石井先生が超然と屹立されていた。石井先生の有名な議論に、農学的開拓と工学的開拓がある。これまでウイットフォーゲルに代表されるアジア国家論では、国家が人民に灌漑水を確保する、難しく言えば国家があって初めて人民は生産活動ができる。国家は人民の再生産の一環を強力に握っている。石井先生はこれを農業の工学的適応と表現した。ところがタイの穀倉チャオプラヤデルタには、六〇年代にチャイナート堰ができ、近代運河網ができるまで、国家による強力な灌漑網の痕跡がない。世界の穀倉タイの米は、天水と自然河川の氾濫に頼っている。熱帯のデルタはあまりに巨大で、水量がものすごく、人力のよく変えるところではないからだ。この荒れ狂うデルタを開発したのは、国家ではなく、農民だ。農民たちはこの巨大なデルタに土木ではなく、種籾をもって立ち向かう。洪水季にはぐんぐんと茎丈を伸ばす浮き稲という品種がある。生産性は低いが、広大なデルタのどこでも収穫できる。それで自給どころか輸出もできる。環境を変えずにそこに生きるものを適応させていく。石井先生はこれを農学的適応と呼んだ。さまざまな議論が歴史学の国家論を乗り越えさせた。私はセンター地域学に魅了された。

東南アジア研究叢書

センターの外には、反地域学、反東南アジア研究の嵐が吹き荒れている。地域学はアメリカの帝国主義的支配のための学問とされる。こうした見当違いの批判に抗して、地域学はただひたすらに学問をし続けることによってのみ正当性を得られるPublish or perish，本を

80年代はじめ、個人研究室の中で

出すか死ぬか。この言葉は冷たい現実味をもって語り継がれた。東南アジア研究叢書（創文社）がこうした起死回生の思いから生まれてきた。

東南アジア研究叢書、その一つずつの輝きを紹介するだけで膨大な紙面が必要だ。自然科学者と人文科学者の総力を集めた『タイ国——ひとつの稲作社会』（石井米雄編、一九七五年）は、同時にフィールドとデスクワークの見事な結合であり、その後のセンターの研究法の原点を作り出した。石井米雄先生の『上座部仏教の政治社会学』（一九七六年）は仏教を通じて、タイの王権の原理を解析した。この本に示される石井先生の深い学識に人々は瞠目した。東南アジア研究は、地域の研究にとどまらず、それぞれのディシプリンにおいても評価されるものでなければならない。助手仲間だった土屋健治兄の『インドネシア民族主義研究——タマンシスワの研究』（一九八二年）は、緻密な史料分析により革命家の言説批判に達した。高谷好一先生の『熱帯デルタの農業発展——メナムデルタの研究』（一九八二年）は、チャオプラヤデルタの変貌を自らの詳細なフィールドノートによって描ききった。私自身も卒論以来の思いをこめた『ベトナム村落の形成』（一九八七年）を書いて、この戦列に加わった。東南アジア研究が文字通り汗と血に濡れ、同時に光と力に満ち溢れていた時代だ。

江南デルタシンポジウム

戦機は熟した。センター建設以来一四年、鍛えに鍛えた地域学がいかほどのものであるか、ディシプリンに挑戦する機会が来た。その頃私は地質学や農学を習う目的で、高谷先生と毎晩、中国の農業技術書を購読していた。その中で先生がこれまでの東洋史で定説となっていた農業史理解がおかしいと言いだした。先生や福井氏によれば、中国古代の農法、火耕水耨《かこうすいどう》はボルネオ山地で今でも行なわれる水田焼き畑のことだし、宋代の大輪中圩田《うでん》は粗雑な馬蹄形輪中にすぎなくなる。占城稲はアウス系のときなし稲になる。漢文を精査しても先生の言い分は正しい。むしろ今までの農業を知らない歴史家の漢文の読み方が間違っていたのかもしれない。これはいける。社会学の坪内助教授が中心になって、日本中の高名な中国農業史家を招待することになった。その中心は農業史の世界的権威天野元之助博士（追手門大学）、中国古代史の西嶋定生教授（東大）、斯波義信教授（当時阪大、のち東大）である。これを意気盛んな助教授連中が囲んだ。東南アジア研究センターからは、私の司会のもとに高谷、福井、海田の三先生に加え、京大農学部作物学の大物渡部忠世教授（のち京大センター所長）が加わった。会議は三日にわたった。東南アジア研究者のやや粗雑な指

6

摘に対し、天野先生はじめ東洋史学者はいずれも真摯な対応を繰り返し、私の学者人生の中でもっとも価値あるシンポジウムとなった。この討論の結果は、一九八五年に『中国江南の稲作文化』（桜井・渡部編集、日本放送出版協会）から上梓された。のちに森正夫教授（名大）が、戦後東洋史最大の革命の一つと評された。地域学が既存のディシプリンに大きく評価された一瞬である。

地域学のよりどころはフィールドである。実際に自分は見ているという自信である。次回はセンターが初めて組織したフィールド調査について語る。

7

三三歳の私は希望に胸をいっぱいにふくらませながら、タイの悪路を蹴散らしていった。それが最初の幸福すぎるくらいに幸福なフィールドの始まりだった。

東南アジアに行きたしと思えども

「ふらんすに行きたしと思えども　ふらんすはあまりに遠し　せめて新しき背広を着てきままなる旅にいでてみん」

萩原朔太郎にしてはひどくリアルで恨みっぽいこの詩（『純情小曲集』旅上）を、同じ思いでつぶやいた青年たちがどのくらいいたのだろうか。わたしたちは海外に恋していたのだ。私は数え切れない学生を海外に送り出したが、私自身は留学をしたことがない。戦後、長い間、留学は夢のまた夢だった。相手国に招かれての留学がないわけではなかったが、その人数は極端に限られる。高校時代、ＡＦＳに受かって留学する友人にはクラス中が羽田まで見送りに行った。落ちた友人は自殺騒ぎを引き起こしたと聞いた。六〇年代、世界はそんなにも遠く、その道は針の穴よりも細かった。そしてドルは三六〇円、石井米雄先生が在タイ大使館にいた六〇年代の初め頃、よく英米人に給料を聞かれ、三〇～四〇ドルと答えたら、高給取りと言われた。先生の月給を日給と誤解したのだ。高いだけではない。一九六四年まで外貨持ち出しは制限されていたのだ。だから六〇年代、東南アジア研究センターがフォードの資金で東南アジアを飛び回っていたころ、人々が眉をしかめたのは無理ではない。そして私は依然として東南アジアへの留学に恋い焦がれていた。

潮目は七〇年代前半に変わった。六〇年代の日本資本の海外進出を追うように、海外渡航者数は激増した。ドル解禁前の六四年にはわずか一三万人が海を渡ったにすぎなかったが、一九七四年には二三四万人になった。もっとも二〇〇九年の海外渡航者はのべ一五四五万人だ。

7　書斎からの船出

実はこの年、この後の東南アジア研究を大きく変える大事件が起こった。田中角栄首相のバンコク、ジャカルタ訪問を現地の人々が暴動で迎えた事件だ。バンコク・ジャカルタの路上で日の丸と日本車が燃やされた。この苦い経験が、なおさら文献を通じての東南アジア理解の限界を政府に教えた。この事件以降、ナマの現地事情、現地文化をフィールドワークと現地語で研究させる地域学化が起こった。文部省科学研究費補助金の海外学術調査の規模が拡大した。一九七一年、白鳥芳郎（上智大学教授）が主宰する「西北タイ歴史・文化調査」プロジェクトが発起し、タイのチェンマイ・チェンライ州のヤオ人を中心とする山地少数民族の山地平野交流調査が行なわれた。一九七二年には河部利夫（東京外大AA研教授）が、若い東外大のメンバーとともに、タイの地域社会調査を開始した。この頃、京大東南アジア研究センターのタイ研究計画が始まっている。アジア経済研究所の若いスタッフも、バンコクで資料を集め、そして地方に、農村に飛び込んでいく。タイは時ならぬ日本人研究者ラッシュに包まれた。

アジア諸国派遣留学生制度

一九六八年に始まる文部省アジア諸国派遣留学生制度（二〇〇四年以降、長期派遣留学生制度）が東南アジア史学会の次代の会員に持った意味は、いくら誇張してもしきれないほどに大きい。いまだ民間財団による留学援助もなく、私費留学が考えられなかった七〇年代、八〇年代には、長期の東南アジア留学には、ほとんどこの留学生制度によるしかなかった。当初、アジア諸国派遣留学生制度はタイ、インドネシア、マレーシアに限られ、東南アジア全域を含むものではなかったが、九〇年代に入って、ベトナム、カンボジア、ラオス、ビルマがアジア諸国派遣の対象として開放されるようになった。研究者は現地の大学で研鑽を積んだのちに、調査に入る。今ではあたりまえのこの原則が定着したのはこの留学生制度のおかげだ。

日本の東南アジア研究は新たな現地調査を加えて沸騰しているかのようだ。

7 天井旅行

センターの高谷好一先生の研究室は変わっている。一六畳ほどの部屋の天井いっぱいに東南アジアの五〇万分の一の地形図が張りめぐらされている。天井地図の下には大きな長方形のテーブルが置かれている。先生は手が休むとこのテーブルの上に仰向けになり、双眼鏡で地形図を追っていく。気球にのって大空から調査している気分になるという。ただし、先生はその地図がカバーするところはほとんどすべて歩いている。だから、双眼鏡下の風景がそのまま浮かび出る。この奇妙で仙人のような作業の結果が高谷学と言われた地形分類であり、世界単位論であり、デルタ分類だ。私も先生の横に並んで同じ作業をした。しかし、そこに見えるのはなにもかも平面化された山の位置であり、海の姿、それに地形観察をぶちこわすゴチックの地名の数々だ。それは死んだ知識だ。二次元の知識を深さを持った三次元に変えなければならない。双眼鏡をゆっくりと動かすようにそれを生き生きとした動きを伴う四次元の世界に移さなければならない。そうでなければ、古い世代の見た世界、新しい世代が見ようとしている世界を見ることができない。

それにはフィールドサーヴェイしかない。いくらなんでも海外に行かなかったわけではない。一九七五年には革命直後のヴィエンチャン、戦後直後のハノイに、七六年には香港中文大学に、七七年にはバンコク、チェンマイを訪問している。しかし、どれもが観光旅行か会議出席だ。研究目的を持ち、調査をしているわけではない。しかし、私はプロジェクトを組織するには若すぎ、また留学するには老いさらばえている。この時代に指をくわえて見ているだけだった。あせりにあせった。

バンコク

そんな私がよほどかわいそうだったのか、石井先生は私をバンコクの京大連絡事務所の所長代理に押し込んでくれた。一九七八年。この時代は私にとって生涯最良の日々かもしれない。ワイヤレス通り、ベトナム大使館の裏手に豪壮な大理石を積んだ家に住み、潤沢な在留資金をもらった。運転手も秘書も庭師もついた。お手伝いのチップさん、去年、六六歳で交通事故で死去したが、そのときはまだ三三歳、若くて、きれいで、料理が上手だった。修論を書き終えた妻が一歳になった長女と来てくれた。思い煩うことがない。私は生涯初めて満ち足りるという言葉を噛みしめた。

七〇年代のバンコクはすばらしい町だった。大丸に行けば日本製品はほとんどあったし、セントラルデパートに行けば、タイの素晴らしい民芸品が山のように積まれていた。高級レストランから屋台まですべての食べ物がおいしかった。そして、バンコクはまだまだ自動車も少なく、散歩が楽しい町だった。よく長女を抱いてルンピニ公園まで散歩した。

朝、広い芝生の庭に面したテラスで、長女が庭でよちよち歩きするのを見ながら、果物主体の朝食を食べ、書斎にこもってひたすらセンターの紀要『東南アジア研究』に載る諸論文を、分野を問わず、場所も時間も問わず、読んではノートをとる。さまざまなタイの地名が出る。ピッサヌロークの自然堤防が乾季に見せる八メートルもの絶壁、東北タイの平原を埋める産米林の群れ。地名と土地の特色を記憶するや、運転手に頼んで、数百キロをものともせずに現場にすっ飛んでいく。当時、東北タイにはベトナム戦争の後遺症で、爆撃機の離着陸が可能と噂された見事な広軌の直線道路が敷かれていた。三月、四月、アスファルト路面は鏡のように輝く。しかし、私が行くところはその奥でどれもまだラテライトの簡易舗装で真っ赤だった。乾季の終わりには真っ赤な風が吹く。フロントグラスは真っ赤なチリがつもる。もうワイパーが壊れるから、そのまま拭きもせず突っ走る。オフィスの車はバンコク市内用のトヨタクラウンだから限界がある。途中で農民の軽トラックを借り上げる。それこそ荷台の上

コーラート周辺のクメール遺跡、1978 年

7

でこちらが泥人形のように真っ赤になる。

　東北タイの無数のクメール遺跡もその頃は忘れられたように森の中に鎮座し、平原の上に屹立していた。パゴダの廃墟には決まったように蛇の一家がいて、這い上ってくる私を威嚇する。水田はヒルが溢れている。下手に入ると足首が黒い固まりに埋まる。当時、地方都市にはホテルがないから、ただ同然のシナ宿に飛び込む。ほこりだらけのベッド、蜘蛛の巣におおわれた天井と壁。レストランもないから、屋台で焼きめしをほうばる。バンコクに帰る頃には、下着も捨てるしかないくらいに真っ黒に汚れている。

　そんな旅行が大名旅行にように楽しかった。そこには私が希求してやまなかったフィールドがある。この旅を続けていけば、いつか高谷先生のように、すべての土地をそらんじ、その景観の中に歴史を走らせることができるようになる。その学問を歴史地域学と名付けよう。三三歳の私は希望に胸をいっぱいにふくらませながら、タイの悪路を蹴散らしていった。それが最初の幸福すぎるくらいに幸福なフィールドの始まりだった。

　次号ではスラウェシの村落調査の醍醐味、インドの広域調査のすばらしさを話そう。

7

8

高谷先生は答えた。五万分の一地形図にトレーシングペーパーをかけて、すべての情報を手写してごらんなさい、それが一〇〇くらいたまったらわかります。

五万分の一の手書き地形図

一九七八年、あこがれの東南アジアの地を走り回り、私は本懐成就の思いにあった。しかし、成就の頂点ではいつも不満がうずく。タイの平原を疾駆しながら、私の心にはイライラする鬱屈が詰まっていた。何度も書いているように、私はベトナム戦争の影響でベトナム研究を開始し、その結果、東南アジアの理解を深めようとしている。七〇年代から八〇年代にかけて、その肝腎のベトナム研究は絶望的な状況にあった。

なによりも研究目的ではベトナムに行けない。私は一九七五年、日本共産党のベトナム親善友好団に紛れ込んで、ハノイに行ったことがあるが、その折、ハノイで遊歩が許されたのはハノイの中心ホアンキエム湖の周囲だけだ。つまりはるばる東京に来たベトナム人が日比谷以外は遊歩禁止と言われるのと同じなのだ。いよいよ脂の乗りだした同世代のタイ、マレーシア、インドネシア研究者は続々と現地のムラに入り、農民とともに暮らし、肌身にしみこんだ研究を発表している。私のベトナム研究はあいもかわらず、文献をいじくってはまだ見ぬ土地、まだ触れたことのない社会を想像しているだけだ。

私は専門の違うタイでうろうろしている。もちろんタイ語がろくにできないからタイ研究者にはなれない。タイで学ぼうとしたことは、第一にはあこがれの地域学方法論をこの手につかむことだ。

日本にいたとき、私は高谷先生に訊いた。先生のように、ちらりと見ただけで地域の地形をすっぱすっぱと分析し、そこから農業のあり方、社会のあり方、ついには歴史の概観まで見通すようになるにはどうしたらいいですか。高谷先生は答えた。桜井さん、五万分の一地形図にトレーシングペーパーをかけて、すべての情報を手写してごらんなさい、それが一〇〇くらいたまったら、地形区分とはなにかがわかります。そのあとでまた付け加える。桜井さん、一五万キロ走ったらまた話をしましょう。私も若かった。まず15万キロをクリアしようとした。それがタイ全土の踏査だ。次に地図の手書きコピーを作った。そのころは東南アジアの五万分の一地形図を入手することは至難の業だった。東南アジアはまだまだ戦場の地だったのだ。そういう高谷先生でさえ、地形図となれば旧日本陸軍作成の地図を使っていたくらいだ。たまたまバンコクにあった国連メコン委員会に最新のベトナムの五万分の一地形図があると知った。ようやく一部ならとフォトコピーを許された。それもA４だ。それでも何十日かバンコクの旧市街にあったメコン委員会に日参して、ほぼ北ベトナム全域のコピーを手に入れた。これを貼り合わせて一枚の地図にし、それからひたすらに地図を手写した。河川や道路はもちろん、等高線からはては家屋の位置まで引き写した。この訓練の結果、いろいろなことが記憶に残った。その記憶はそれから六年後に、初めて北部ベトナムを踏査したときに、すさまじい力となって現れた。なんと私は目の前に出現するムラの名前、川の名前、ほとんどを既に知っているのだ。紅河デルタについては、その辺のベトナム人学者よりは知っている。のちにハノイ大学の院生を連れて、広域調査実習をする際、ベトナム人院生が私のベトナム知識に愕然とするのは、すべてこのときの訓練のたまものだ。

インドネシア調査

一九七九年の暮れに帰国するや、終日、センターの食堂の床いっぱいに五万分の1地形図を敷きはいずりまわって、地図情報を分析する作業が続いた。かくて古代からのベトナム紅河デルタの開拓史シリーズ(1)をまとめた。私のこの一連の論文群がベトナム地域学研究の嚆矢だと思っているし、またこの論文群をまとめて一九九二年に農学博士号を取得することができた。文学博士であって農学博士をもつ研究者は私だけだろう。私の数少ない自慢の一つだ。しかし、何度も繰り返すが、所詮は紙の上の仕事だ。地図の上でいかに思い描こうと、それは想像にすぎない。

一度、タイの平原を旅して実物の東南アジアを見た目には、机上の資料分析は精緻であればあるほどに嘘くさい。一九七九年、センターの文化人類学者立本成文助教授(当時)が、一九八〇年から一九八五年にかけてのインド・インドネシア調査計画に誘ってくれた。タイだけでは高谷先生が要求する一五万キロには到底至らない。まずインド、インドネシアという世界を見るために、そして地域学方法論を磨くために、喜んでこの計画に参加した。

一九八〇年の暮れのことである。当時スハルト政治の下、インドネシアの村落調査は難事だった。ビザを取るために、インドネシアの社会科学委員会の承諾、健康証明書や無犯罪証明書がいる。往年、逮捕された経験があり、また逮捕状が出ていたこともあったから、警察に無犯罪証明書を貰いに行くのはやや躊躇があったが、探求心の方が打ち勝った。インドネシア内部では村落に住み込むために内務省、軍、警察の許可がいる。その複雑な難事のほとんどは立本先生が代行してくれた。ありがたいことだ。

その頃、私は雒田《らくでん》という古代紅河デルタの稲作農法を考えていた。潮がもたらす川水の上下を利用して灌漑する優れた水利技術（日本では佐賀の澪取水が有名だ）と見るのが普通だ。現在に至るベトナム史、ベトナム社会全体を考える原点にある議論だ。私は高谷さんの示唆で、スラウェシやカリマンタンにあるパサンスルット（上下）農法と同じものと考えていた。パサンスルットには二種あり、河岸に畦を

パリマ村で（筆者）

作らず、稲苗を水の上下にまかせておく粗放な水田と、堤防のような高い畦で水田を区切り、上げ潮のときに水門を開けて表面の淡水を水田に導入するデリケートな水管理がある。とにかく現物を見たい。インドネシアの東にあるKの形をした島スラウェシ（セレベス）の南、南スラウェシ沿岸のパリマというムラに、相棒の鈴木恒之氏（現東京女子大学教授）と監視のトラジャ人の警官とともにもぐりこんだ。飛行機でジャカルタからマカッサルまで飛び、ここから車でワタンポネ、馬車に乗り換えてようやくムラに着く。宿舎は村長の家のベランダ、一応トタン屋根の下だが、ふきさらしで大雨が降ると、いながらにずぶ濡れになる。食事は村長と一緒で、これは魚やサゴ[2]デンプンが豊富で、これだけが救いだ。

市場に集まる行商人のボート。インドネシア、スラウェシ島南沿岸パリマ村

市場経済と伝統経済の接点で

ところが、着いてみてわかったのだが、もはやこんな稲作は村落の周辺にしかない。居住地近くの高畦と水門に囲まれた水田は、いまは値の高いボラやエビの養魚池になってしまった。なるほど、塩水の出入が管理されたパサンスルット水田は、養魚池には最高だ。ボラがよく売れる。裕福な地主たちは争ってエンパンという養魚池を始めた。その儲けが静かな自給自足的だったムラ社会を大きく変える。かといって、生活が目に見えて変わるわけではない。テレビは村長の家にしかないし、多くの家にはラジオカセットさえない。メッカ巡礼から帰った老人が日本製のポラロイドカメラを土産に持ち帰ったが、彼は感光紙が必要であることを知らなかった。私たちはまずムラの中のキオスクを端から訪問して在庫品を調べ、売り上げを聞いた。週に二度の市のたびに、すべての出店を聞きまわって売り上げを調べた。

軒並み、村人の家を訪問し、家計を調べた。エンパンから現金が入ると、まず接客用の家具が新しくなる。宴席が増える。変化はそのくらいか。なによりもガルーダ航空に大枚の金を支払ってメッカを訪れることだ。メッカ巡礼経験者はハジと呼ばれる。ハジになることは村の男達の最大の目標だ。かくて、エンパン現金収入のほとんどは、ガルーダ航空

8

に集中する。(3)

今思えば、一九七〇年代、東南アジアのすべてのムラが、現金を求めて農業の市場化を進める時期に入っていた。私たちの一つ前の世代が、伝統的構造を守るムラの姿を描いた。だがこの時期にフィールドに入った私たちは、好き嫌いを問わず、強引に市場経済に巻き込まれていくムラの姿を描くことになった。パリマの村落入りから現在まで約三〇年間、私は東南アジアのムラの人の財布の底を調べ直すことを主なテーマとしている。パリマは、私にとっては最初の私自身の村落調査であり、そのために、私の以後の研究の方向を決定することになった。

次回は、タイの広域調査に始まるこのフィールドワークが、日本で最初の東南アジア史の執筆になにをもたらしたかを語りたい。

【註】

(1)「雒田問題の整理・古代紅河デルタ開拓試論」『東南アジア研究』一七・一、一九七九年、「一〇世紀紅河デルタ開拓試論」『東南アジア研究』一七・四、一九八〇年、「李朝期（一〇一〇～一二二五）紅河デルタ開拓試論」、『東南アジア研究』一八・二、一九八〇年、「陳朝期デルタ開拓試論1―西氾濫原の開拓」『東南アジア研究』二七・三、一九八九年、「陳朝期紅河デルタ開拓試論―新デルタ干潮帯の開拓」『集落人口の性格と変動に関する比較社会学的研究（坪内良博編）』一九九一年、「陳朝期ベトナムにおける紅河デルタの開拓―新デルタ」『東南

8

アジア世界の歴史的位相』一九九二年

（2）熱帯の沿海地域に自生するヤシの一種で、成樹は幹に多量の純粋なデンプンを蓄える。これを焼いてクッキー状にしたり、すいとん状にまるめて鍋汁で食べる。東インドネシアの主食である。

（3）An Essay on the Economic Life of Desa Pallime in South Sulawesi, *Agricultural Landscape in South Sulawesi(ed. Matulada and Maeda)*, Kyoto University, 1982, pp.213236.

9

確かに東南アジアには一つの文明がないが、代わりに東西六〇〇〇キロ、南北四〇〇〇キロにわたって文化的統一帯、「東南アジア文化」が連なる。

通史の時代

一九七四年のバンコク・ジャカルタ反日暴動、七五年のサイゴン解放、七六年のバンコク反動クーデタ（血の水曜日事件(1)）と東南アジアでは大事件が続いた。さらに一九七五年のベトナム戦争の終結以後、これまでアメリカの傀儡としての扱いを受けてきた東南アジア諸国連合ASEANがアジア最初の実効ある地域同盟として登場してきた。なぜ東南アジアは一体でありうるのか。歴史的な「裏付け」が必要だ。ところが東南アジアの歴史の本がない。私は辛島昇先生たちと一九六九年に著名なアンコール学者ジョルジュ・セデス教授の『インドシナ文明史』を訳出している。お堅い本だが売れてはいる。しかし、ほとんどの記述が一六世紀以前だ。眼前の東南アジア大激動の理解には間に合わぬ。

一九七七年、私は和田久徳先生（お茶の水女子大学教授）の推薦で石澤良昭先生（上智大学教授）と共著で、山川出版社の世界現代史シリーズの一巻に『ベトナム・カンボジア・ラオス現代史』を書き下ろしている。なにも知らない時代だ。噴飯ものだ。とはいえ、これもよく売れた。だいたい山川出版社の世界現代史シリーズは、東南アジアに四巻をあてている。ソ連は二巻、アメリカはわずか一巻。七〇年代末、人々はそれほど開けゆく市場東南アジアに大きな関心を寄せていた。しかし、実態は、東南アジアにある各国の歴史をバインダーで閉じたようなものだ。東南アジアという一つの地域の歴史とはとても言い難い。

同じ一九七七年、京都大学での私の恩師石井米雄先生が『インドシナ文明の世界』、また東京大学での恩師の永積昭先生が『アジアの多島海』を講談社の世界歴史シリーズの二冊として出版した。これは題名が示すように大陸・島嶼部東南アジア、それぞれの概史を読み物風に紹介したものだ。特に前者は前段に軽妙な旅行記を記し、読者に大陸東南アジアの環境のあらましを理解させてから、歴史叙述に入るという形式をとっている。

環境の東南アジア

東南アジアは一〇ヵ国、一地域、ドンソン文化から数えればそれぞれ二〇〇〇年を越す歴史がある。東南アジア各国は宗教もばらばら、歴史を通じて東南アジアを統一した大帝国などあるはずもない。だからセデス先生も、東南アジア史のスタンダードテキスト、ホール博士の『東南アジア史[2]』も、相互に関わることのないそれぞれの文化圏、または各国通史の集合である。石井・永積両先生の東南アジア史もこの枠を越えるものではない。

中国世界は、漢字という中国「文明」を共有する。しかし、中国には一つの中国「文化」はない。漢北の乾燥地帯から華南の亜熱帯林まで、さまざまな気候区がある。異なった地形が相互の交流をはばみ、地域独特の文化を育てる。中国大陸は羊と麦の世界から魚と米の世界へのゆったりとした遷移帯だ。中国文明は、さまざまな地域文化を強引にまとめたものにすぎない。一方、ビルマドライゾーンのような例外はあるにせよ、東南アジアの食の基本は魚と米だ。ベトナムやジャワのような変異はあるものの、大部分の土地では高床式住居が保たれている。ベトナム人を除けば腰巻き（サロン、ロンジーなど）が衣の基本だ。どれも湿潤高温で海の中に生まれた東南アジアの気候環境に適した生活要素、つまり文化だ。確かに東南アジアには一つの文明がないが、代わりに東西六〇〇〇キロ、南北四〇〇〇キロにわたって文化的統一帯、「東南アジア文化」が連なる。東南アジア史は、環境という大枠の中に人文現象を位置づける新しい歴史学だ。

こんな不逞の志を持ち出したのは、タイから帰国した一九七九年暮れのことだ。この志の事始めが、坪内先生や高谷先生とともに企画した『江南デルタ稲作史』のシンポジウム（本書6参照）だ。中国史の専門家たちと、唾を飛ばして激論しあった四日間のシンポジウムで、我々の地域研究が、文献だけで甲論乙駁している歴史学一般よりは地域を理解するためにはるかに優れた方法であり、現代だけではなく、過去の分析にも有効であることを証明できた。映画『踊る大捜査線』（東宝、一九九八年）の中で織田裕二演ずる青島刑事が絶叫する。「事件は会議室で起こったんじゃない。現場で起こったんだ」。映画の二〇年も前、並み居る歴史学者を前に、三四歳の私は似たような台詞を吐いている。

インド／ヨーロッパ旅行

東南アジア史を各国史の集積で終わらせたくない。フィールドによって環境と人文現象の一致をつかむ。私は狂気のように東南アジアと日本を駆け巡る。八〇年から八一年にかけて、先号で記した南スラウェシの調査のあと、若き鈴木恒之氏の案内を得てジャワを走り回り、スマトラを旅した。その頃農学の渡部忠世教授は東南アジアの農業調査から日本農業史を見直せないかと考え、「南西諸島農耕における南方的要素の研究」プロジェクトを打ち上げた。この計画に紛れ込んだ私は八一年には越後平野、濃尾平野、筑後平野、沖縄本島、八重山、宮古、対馬と離島を調査して歩いた。実は日本にも戦後の土地改革までかなりの地域でベトナムの土地割り換え制度とよく似た割地制度があった。その制度と地形との関係に目をつけた調査だ。[3]

八二年夏、立本計画（本書8参照）のおかげでインド調査旅行に出発した。この旅行は前半、なにも知らぬ私を地理学の応地利明（当時、京大教授）、土壌学の古川久雄（当時京大助教授）両氏が、マドラス（現チェンナイ）で始まり、タミルナドゥからカルナタカ各州を回った。

バンガロール近郊の応地氏の定着調査村では、馬小屋で馬の尿にまみれたわらの中に寝起きした。毎日、真っ黒なシコクビエの粉を蒸しただけのまんじゅうを食べた。週に一度のごちそうは半身のゆで卵だ。毎朝、アルミの瓶に水を入れて野外で排泄の適地を探し回った。デカン高原を横断して西海岸に出、ゴアからハンピ（ヴィジャヤナガル王国の都）をまわって東海岸沿いにマドラスに戻った。そこで私だけが、東南アジアのインド化に関係の深いパルラヴァ王国の都カンチープラムに移り、バンガローを借りて、カンチープラム盆地に点在する溜め池と栽培技術との関係を調査して歩いた。調査後、スリランカに出た。コロンボのインド領事館で再入国ビザを得ようとして、疲労と下痢のために昏倒し、偶然、領事館に来ていた高谷先生や立本先生たちに救出された。それからスリランカ諸王朝の巨大溜め池を見てまわった。再び先生方と別れ、カルカッタに飛んで、列車でデリーに出、アグラ方面を見たあと、そのまままっすぐ北はカシミール高原に入り込んだ。夏服のかっこうしかしていなかったので、秋のカシミールはたまらなく寒かった。毛布をはおって震えていた。まるで浮浪者だ。ボンベイに出た。ラージャスターンの砂漠の中でオアシス農業を観察した。らくだがスキをひいているのを見た。帰国の日まで四ヵ月間、朝から晩まで休むことなく走り回り、聞き回り、そして動き回った。金がないから、最低のホテルを探し回った。疲労と空腹でアジャンターの岩山の上で顚倒し、しばらく動けなかったこともある。そんな旅で、見るもの見るもの、私の東南アジア史の構想の中に組み込まれていった。[4]

帰国後まもなく、文部省在外研究制度を利用して二ヵ月間、フランスを訪問した。パリの軍事資料館と南仏エクサンプロヴァンスの文書館調査だ。今度は妻と六歳の長女、三歳の長男を連れた旅だ。朝から資料館でコピーを撮り続ける。下宿屋のようなホテルに帰ると、一日、外の公園で遊んでいた子供たちが抱きついてくる。食事をし、お茶を飲み、電飾の夜のパリをかじかみながら歩く。ひどく貧乏なヨーロッパ滞在だったが、これ以上はない幸福の日々だった。

9

インドと東南アジア、ヨーロッパと東南アジア、この見聞が石井米雄先生との共著『東南アジア世界の形成』（講談社出版研究所、一九八五）として結実する。車の調査距離は一五万キロに近づきつつある。もう四〇歳の大台が目の前だ。

【註】

（1）一九七三年のタイ学生革命によって軍事政権が崩壊してから、タイでは文民中心の比較的リベラルな政治が続いていた。しかし、七六年一〇月六日、タマサート大学構内で集会をもっていた学生・市民に国境警備軍、警察、武装右翼が襲いかかり、無差別の殺戮が起こった。実際の死者は二〇〇人を越えたと言われる。この事件の直後、軍部はクーデタを起し、三年間の民主政治はその幕を閉じた。

（2）D.G.E. Hall, *A History of Southeast Asia, Macmillan,* 第一版一九五五年、再版一九五八年、一九六〇年、一九六一年、第二版一九六四年、一九六五年、一九六六年、第三版一九六八年、一九七〇年、一九七五年、一九七六年、一九七七年、第四版一九八一年。この古典的名著はなんと一九七五年から一九七七年までに第三版が三刷りされ、一九八一年には第四版が出版されている。

（3）「東・東南アジアにおける割替制の分布と展開」、文部省科学研究費報告書『南西諸島農耕における南方的要素の研究』（渡部忠世編）、一九八二年、一二五—一五六頁。

（4）"Tank Agriculture in South India, An Essay on Agricultural Indianization in Southeast Asia, *Transformation of the Agricultural Landscape in Srilanka and South India,* (ed. Maeda), Kyoto University,1984, pp.117; 158.

10

庶民と同じ目線から歴史を構成しなおしてみる。海と島、海とデルタ、森と水田、貴族と商人・農民がともにシェアしたはずの「歴史空間」を書きたかった。

失職寸前

一九八三年春、ヨーロッパから帰国して、まもなく父が七六歳で急死した。過激な学生運動時代を含めて、父は私を全面的に支持してくれた。「帝大」卒業者で若い頃は学問を続けたかったという。私が大学の教官になることを夢みていたらしい。そのとき、私は三八歳にもなり、六年の期限付き助手の最終年にあたっていた。次の職は見つからない。私が感動を重ねていた当の京大東南アジア研究センターでは、プロモートはもちろん、任期延長の話もない。だから喜ばせることのできないまま父を死なせた。悔恨の極みだ。

その頃の私は、既に出身の歴史学を見限っていた。私はアジア各地を放浪して、地域と民衆を足で知ったという自信を持っていた。まだＮＧＯもバックパッカーも始まったばかりの時代だ。だから、大学の歴史学は文献に描かれたことだけを分析し、その執筆者の主観を事実と思い込むひとりよがりの虚学に思えてきた。石井先生は文献学と地域学の違いを「一言で言うと、ギブン（与えられた）の情報を使うか、自分で見た情報だけを信ずるか」だと言った。先生は希有の文献史家だ。その先生が自らの方法の限界を語る。先生はけっして優れたフィールドワーカーではなかったが、フィールドワークで得られる情報が、文献とはまるでレベルの違うものであることをよく知り、それゆえにその情報にアクセスできない先生自身に苦しんでおられた。

石井先生が私をセンターに入れたのは、歴史学出身の地域学フィールドワーカーを育てるつもりだろうと思っている。だから前稿で述べたような、好き勝手な長期旅行も許されたし、現在の歴史学を思うがままに批判してきた。多くの歴史学者にとって、地域学は不倶戴天の敵だ。つまりはこの五年間で私は地域学者としてしか生きるすべがなくなってきた。

そんなわけで、私は歴史学にも戻れず、地域学でも引き取ってもらえない。地域調査が命の地域学は、大学のような機関に属し、ふんだんな科学研究費をもらって初めてできる。研究職がなければ、もはや地域学は続けられない。だから東南アジア研究センターでまもなく任期切れにつき、解職と言われたときの挫折は大きかった。特に芸がない。あえていえばうまいコーヒーをいれられるくらいか。本気で喫茶店でも開こうと考えたのはこの頃だ。実際、中野あたりで店まで探した。終電で帰宅したときなど、妻と二人の子どもの寝顔を見て一家心中というのは、こういう気分のときにするものかと身にしみた。鬱々として楽しまなかった八三年の暮れ、石井米雄先生が職を賭して私を守ってくれ、任期ぎりぎりで私の助教授プロモートが決まった。石井米雄先生の恩は、命にまさる。

東南アジアの歴史

私の首は皮一枚でつながった。一方で博士論文に熱中しながら、地域学から見た東南アジアの歴史のテキスト作りに手を染めた。講談社からの東南アジア史をまとめないかの話に、先生が私を共同執筆者に指名してくれた。私の素稿を石井先生が半年かけて推敲し、一九八五年になって『東南アジア世界の形成』(世界の歴史シリーズ一二)が出版された。複数の歴史家に引用、紹介されたといっても、売れた本ではない。しかし、私はこのわずか一〇〇枚超の原稿の中に、私が歩き、考えた東南アジアのすべてをたたき込もうとした。東南アジアは文明を生み出さなかった。しかし、その豊富な自然は東南アジア全域に豊かな文化を創り上げた。その文化地域は、その豊富な熱帯産物を他の文明世界に供給し続けた。その代償として、中国やインドの文明が入ってきた。しかも東南アジアは世界の海、太平洋とインド洋を結んでいる。最初は港市国家が林立し、ついで港市国家連合が生まれ、一方、陸上では産品を流すための河川や陸路のネットワークができた。陸のネットワークを支配する「帝国」が生まれる。海の物流の発展とともに、「帝国」はより合理的な大河川を軸とする「王国」に分割され、現在の民族国家の基盤を作っていく。海の国家類型ヌガラ、陸の国家類型ムアンを駆使し、一国発展史をまったく無視し、今で言うグローバルヒストリーのはしりのような歴史だったと自負している。この書に始まった東南アジア史の執筆は以後長く、私の仕事となった。一九九三年には朝日新聞社から「地域からの世界史」シリーズの一冊として『東南アジア』(共著)、一九九九年には山川各国史シリーズとして『東南アジア史一』(共編著)、また二〇〇一年には岩波の『講座東南アジア史四 東南アジア近世国家群の展開』(編著)、翌二〇〇二年には放送大学出版会から『東南アジアの歴史』、二〇〇六年には同出版会から『前近代の東南アジア』を次々と上梓した。この間、『交易の時代』で有名なアンソニー・リードをはじめ、少なくない数の東南アジア史や、ウォーラーシュタイン亜流の世界システム論が出版されていた。いい本も俗悪な本もあったが、いずれも私にはしっくりこない。文明の歴史ではない、文化の歴史、つまり知識人の書き物から「読みといた」歴史ではなく、「見た」もの、「感じた」もの、つまり庶民と同じ目線から歴史を構成しなおしてみる。海と島、海とデルタ、森と水田、貴族と商人・農民がともにシェアしたはずの「歴史空間」を書きたかった。

専門調査員

そのままで行けば、私の後半生は時代が求めるままに東南アジア史を地域学の立場から見直すという使命を負わされただろう。地域学を手を取るように教えていただいた高谷先生からは、地域学の手法で地球社会を分析しろと叱咤激励されていた。しかし、私にはなにか釈然としないものがあ

1983 年秋、ルソン島の山中を歩いた。センチメンタルジャーニーの中でみたバナウエの小さな農家。このころのフィリピンの貧農家としては普通だった。

った。確かに、三〇代の私はアジアを歩き回った。行かないところの歴史は書かないと豪語できるまでになった。さまざまな経験と知識を得た。特に環境と歴史の関係を肌で知った。実地を踏んだ自信がある。しかし、実は、実地に見たといっても、実際には「通り過ぎた」に過ぎない。アユタヤにも、パガンにも実は住んだことはない。つまりはそこで環境だ、地形だと騒いでも、実際には、与えられた統計や地図に依拠している。せっかくの第一次資料の聞き取りも、文献にあたって初めて納得したりする。つまりは私の「東南アジア史」は「俺は歩いた、見た」というだけの、たちの悪いバックパッカーのような台詞の繰り返しにすぎない。

センターの雰囲気も微妙に変わってきた。グローバルスタディのような大きな発想が正しく、村落調査のような細かい研究は価値が低い。六〇年代、七〇年代、緻密な村落調査に汗を流した先輩たちが、顔を合わせればこんどは文明だ、物流だと語り出す。しょせん世界史の理論などほら話だ。そしてほら話は、言ってみれば「俺は頭がおまえよりいい」と、張り合いあっているにすぎない。その中の、それもかなり主流にいながら、私自身はこの流れに次第に辟易してきた。

10

折も折、ベトナム長期在住の話が飛び込んだ。かつてバンコクで京大事務所を扱っていた頃、よく遊びに来て、一緒に旅に出たこともある語学研修生で、藤井君という青年がいた。

後年の外務省きってのタイ通、藤井昭彦氏だ。藤井氏が第二代の在ハノイ専門調査員として私を強く推薦してくれた。専門調査員制度は今でもあるが、この時代の制度とはだいぶ違う。一九七五年、在英大使館の第一代専門調査員だった石井先生によれば、当時、学界から嫌われることを危惧した外務省が、学者のシンパを獲得するための研究者サービスを始めたものだという。先生がロンドンの大使館に赴くと、仕事も机もなく、参事官に明日から来なくていいよと言われたという。四〇年前の調査員はそれほどおおらかだった。この制度は私たち、東南アジア諸国への留学に乗り遅れた世代には、ありがたいものだった。改革開放前、社会主義華やかな時期のベトナムに入国するのはものすごく難しい。外交官（当時は調査員は外交パスポートがもらえた）になって、初めて長期にベトナムに住める。なによりも特にオブリゲーションがない。もちろん村落調査は無理だろうが、長期に滞在することでベトナムのなにかが見える。

かくて藤井氏の努力とベトナム班の穴吹允氏（のちに東海学園大学教授）の厚意で、一九八五年一月、第二代の専門調査員になった。ちょうど、四〇歳になっていた。

10

11

私を第二次大戦後最初に会った日本人研究者だと言い、私が語る世界の学界状況を、まるで舌でなめまわすように聞き取る。世界に飢えたベトナム人と、ベトナムに飢えた日本人との幸福な邂逅だった。

だまし船

今朝（二〇一一年八月一三日）の新聞に、米越合同軍事演習の話が出ている。この二五年間（一九八五〜二〇一〇）、後世の歴史家は、ソ連の解体とマルキシズムの衰退、中国経済の驚異的な発展、市場経済万能の時代を時代の主題とするだろう。その前の二五年間（一九六〇〜一九八五）はソ連とアメリカの最後の死闘の時代だった。私はちょうど、「戦場」の二五年が終わり、「市場」の二五年が始まるその境目にベトナムにいた。

あの頃は、アメリカは中ソの対決を高みから見て、文革後「心を入れ替えた」中国に肩入れして、ソ連／ベトナム包囲網を張っていた。アメリカにとって、ベトナムは、一九七五年、人の弱みにつけこんで、パリ和平協定を無視してサイゴンを武力解放し、あまつさえ悪の帝国ソ連と手を組んで、一九七九年にはカンボジアを侵略し、東南アジアに覇権を唱えようとし、しかも国内統治さえ満足にできずに、難民を世界中にばらまく身の程知らずの国だ。アメリカが嫌えば、世界中に嫌われる。グローバルとはそんなものだ。不器用で誇り高い「嫌われベトナム」は、ひとり世界中に「愛してくれ」と絶叫しているのに、アメリカに率いられた「世界」はそっぽをむいていた。それから三〇年、ベトナムとアメリカが共同して中国の覇権主義を弾劾する。現代史は折り紙のだまし舟だ。ちょっと目を閉じていると艫と舳先が逆になる。

11 ハノイの出島

一九八五年の早春の夕暮れ、私はハノイのノイバイ空港に着いた。当時の空港ビルは平屋のベニヤ張りの建物だった。大使館差し回しの車に乗って、宿舎になるチュントウの集団住宅に向かった。二年間、大使館員の一人としてベトナム現地で、実地研究にあたる。四〇歳になって、レターの上でだけあこがれた恋人に初めて会うようなものだ。

しかし、私は出島の中にいた。ベトナムのカンボジア干渉やソ連のアフガン出兵に反対し、なによりも日本はベトナムへの経済援助を凍結していた。わずかに医療援助や災害救援だけが細々と続けられていた。ベトナム政府は、戦後復興で日本の援助を強く期待していたし、一九七五年から七九年までさかんに秋波を送っていた。だから、日本政府のこの措置には激しく憤った。その憤りは在外公館に集中する。大使は気の毒だ。ベトナムの外務大臣と会えない。せいぜい局長クラスと会えるぐらいだ。館員はハノイの街でも、一定の区域の中しか歩けない。早い話が郊外にあるハノイ総合大学に行くことができない。すべての旅行にはベトナム政府の許可がいる。人間関係もひどく制限されていた。ベトナム人に会うときには、内務省の許可がいる。道ばたで花売り娘とちょっと立ち話する。私が立ち去ったあとで、その娘が公安に尋問されている。だから、人々は私と話したがらない。いうまでもなく、インタビュー調査など夢のまた夢だ。旅行もインタビューも難しい、地域学の方法はすべて使えない。

日越学術交流ことはじめ

そんな時代でも、私は何人もの不屈で勇敢なベトナム人研究者に会うことができた。最初に私をベトナムの学問世界に請じ入れてくれたのが、社会科学院の経済学者レヴァンサン教授で、当時は国際合作班の主任をしていた。その頃、トヨタ財団がベトナムにアプローチをかけていた。旧知の担当者の依頼で、ハノイ在住者の私が仲介役をつとめた。その頃のハノイの通信状況は絶望的で、電話は通常のコースだとモスクワ経由でやっとつながるが、ほぼ半日は待たされる。国際郵便は絶望的だ。大使館の連絡網を持つ私しかトヨタと社会科学院を結べない。かくて、私は単身、レヴァンサン教授と会い、そこで二つの個人的貢献を果たした。第一は、レヴァンサン教授の強い希望である日本経済の統計、解説書、専門書を渡すことだ。これは外交旅券保持者としては「利敵」行為だったかもしれない。しかし、私にはベトナムが敵とは思えず、長期にわたる日本の高度発展をベトナムに紹介することが「国益」に反するとは思えない。レヴァンサン教授は私の資料をもとにのちに日本式経営の成功に関する博士論文を書いた。またエズラ・ヴォーゲルの *Japan as number one* のベトナム語訳ができた。第二はカメラ機材のいわば密輸入だ。国際合作班の事務局長はグエンヴァンクーという人で、同時にベトナム写真協会の会長であった。ハノイの写真事情は壮絶で、街角の写真屋の写真機はシャッターのない木箱が普通で、下岡蓮杖の時代と大きな違いはない。だから戸外写真となると、ひどいぶれ方をする。もちろんそれが菱田春草の絵のようで味があるのだが、学術写真には向かない。クー氏は最新鋭のカメラを欲しがっていた。ベトナムで輸入しようとすれば、法外な関税がかかるだけでなく、いつ落掌できるかさえわからない。そこで、私がバンコクに出かけ、クー氏が求めるカメラを購入し、外交官の私物としてハノイに持ち込み、これをクー氏に贈呈する。トヨタ財団の助成で最初に出版した写真集『チャムの美術』はこの結果だ。とにかく、すべてが合法すれすれで動く。そうでなければ進まない。

サン教授もクー氏もこのことを深く感謝してくれた。私の希望がかなうようさまざまに努力してくれた。このとき、サン教授の部屋で初めてチャンクオックヴォン先生に会えた。ヴォン先生、ベトナムを代表する歴史家、考古学者である。国際的な名士であるだけでなく、ベトナム全土を歩き回り、津々浦々で普通の人に愛される。みなが「平民教授」と呼ぶ。この頃、私は『東南アジア世界の形成』をへたくそなベトナム語に訳して、サン教授を通じて配っていたが、ヴォン先生はこの本を絶賛してくれた。日本人もほとんどわかってくれなかった時代だ。先生といろいろなことを議論した。ハノイは山である。最高高度でも一一メートルにすぎないが、低平なデルタの中に屹立した山である。私のこの見解に先生はうれしげに同感してくれ、以後、先生はハノイを書くときは、いつもハノイは島だと繰り返した。ヴォン先生は二〇〇五年、お亡くなりになるまで、いつでも、どこでも私を守ってくれた。

11

もう一方はダオテトゥアン先生だ。先生は農学者として国際的に知られているが、同時にたくさんの顔を持たれている。あるときは地理学者、歴史学者、経済学者でもある。そしてその発言がけっして素人のものではなく、その都度、それぞれのディシプリンを震駭させている。先生こそはベトナム最初の地域学者だろう。実はベトナムに来る前、私は先生に京都で会っている。先生は青銅器の学会に出席していた。そこで、私はこの高名な農学者に、ベトナムの乾季稲ルアチェムこそ、紅河デルタ最初の稲ではないかという自説を開陳した。先生はひどく驚かれていた。ハノイに暮らしていたある朝、宿舎の前庭に赤い自動車がとまる。先生が下りられ、農業技術研究所の

社会科学院東南アジア研究所長ファムドゥックズゥオン教授と絵画に描かれた歴史を論じあう筆者（1986 年撮影、社会科学院国際合作班提供）

所長だと自己紹介され、ついでニャッとしておまえには京都で会った、ハノイにいると聞いて会いにきたと言われた。それが二度目の邂逅で、以後、二〇一一年にお亡くなりになるまで四半世紀にわたって、実に面倒をかけた。先生は八宗兼学の人だから、どんなテーマでも相談にのってくれる。しかも不思議なことに私が公田制度と合作社の関係を研究すれば、全く私の推論と同じことをほかの領域から証明してくれる。地方都市で村落手工業の市場化シンポジウムを開けばハノイからすっ飛んできてくれる。初期鉄器時代の稲籾が出れば、共同研究しないかと持ちかけてくれる。一〇〇%、問題意識が共鳴する人にめぐりあえた。

グエンズー通りの小さな大使公邸の庭で開かれる天皇誕生日の祝典に、政府をおもんばかったベトナム人高官は、ほとんど姿を見せない。そこへ私が招聘したチャンクオックヴオン先生とダオテトゥアン先生が姿を現した。お二人とも、学界での噂や公安の呼び出しなど、歯牙にもかけない。現在の国際的閉塞状況だけを憂えている。真の「国士」であられる。超有名人の登場で、日本館の暗いイメージはやや薄まった。私も鼻が高かった。このとき、ヴオン先生が大使に、桜井先生のベトナム語はベトナム人同様であるとほめてくれた。もちろん、まったくの嘘である。それから四半世紀を経ても、私のベトナム語はお恥ずかしいかぎりだ。しかし、先生はお世辞ではなく、私との片言会話を通じてほんとう

11

にそう思い込んでおられる。会話の能力ではなく、その中身を評価する大先生なのだ。のちに私が紅河デルタの小村バックコックの経年調査を始めたとき、歴史関係雑誌でお二人が話し合われ、私の地域学に全面的に賛同してくれた。バックコック調査にどれだけ助けになったか計り知れない。両先生に枕を向けられない。合掌。

私がサン教授やクーさんに、会いたい先生を指名することがあったが、これはあまり成功しない。相手の先生に断られることが多い。しかし、ヴォン先生やトゥアン先生が私のうわさ話をさかんにしてくれるので、私に会いたがる先生も次第に増えてきた。その中には東南アジア研究所の所長を二〇年近くされたファムドゥックズゥオン先生、このあと、世界経済研究所所長で歴代党書記長の経済顧問を務めたヴォーダイルオック先生など、忘れがたい先生が多い。誰もが、私を第二次大戦後最初に会った日本人研究者だと言い、私が語る世界の学界状況を、まるで舌でなめまわすように聞き取る。世界に飢えたベトナム人と、ベトナムに飢えた日本人との幸福な邂逅だった。そして、私はベトナムの学界の扉をこじあけた最初の外国人としての栄誉を得た。

11

12

バブルとは過去の成功に幻惑されて、未来の資本が投資されて発生する。その意味で東南アジア研究バブルの時代だった。

ベトナム研究の基礎うち

家族は八六年春、私は八七年春、ぼこぼこになってベトナムから帰国した。すぐさま、ベトナム報道に飢えた人々に囲まれ、「ベトナムのいま」といったふうな話をあちこちでさせられた。時代はバブル最盛期。新しい市場を求めて聴衆の目が燃えている。一九八九年に出版した『もっと知りたいベトナム』(桜井編、一九八九年、弘文堂)は、こうしたベトナム紹介者の仕事だ。本懐ではない。ベトナムを知ったように話していたが、新聞知識と旅行の感想、あとは当てずっぽうだ。自分の語る言葉になんの確信もない。かといって、外交官を離れたそのときは、もはや軽々とはベトナムに戻れない。

しんしんと沈んでいく自己嫌悪の中で、いや、今は日本のベトナム研究がまっとうになるための準備のときと思い直した。ベトナム戦争中、ベトナム解説者の多くはアメリカの戦争の広報係になった。ベトナム地域研究の多くは、アメリカに戦略情報を提供するために作られた。だからベトナムは外国のベトナム研究者を信用しない。なによりも、ベトナムの学界から信頼を取り戻さなければならない。研究交流の地盤作りだ。

日越考古学調査ことはじめ

ずっとのちになって、二〇〇四年、今村啓爾氏（当時東大教授）らがランバック遺跡報告の出版記念会を持った。ランバックはベトナムのゲアン省にあるホアビン文化（中石器時代）からドンソン文化（金属器時代）までの複合遺跡で、一九九〇年から量博満先生（当時上智大教授）をリーダーとする日本考古学団がベトナム考古学研究所と共同発掘した。最初の日越共同研究だ。席上、今村教授がそのスピーチの中で、一七年前、考古学者でない桜井が最初にベトナム考古学団を日本に招聘し、以後、日本の考古学はベトナムで発掘ができるようになり、ランバックはこの結果であり、吉開将人、西村昌也、山形真理子など二一世紀を支える東南アジア考古学者が、この流れの中に生まれたと言ってくれた。

八〇年代、日越二国間の学術交流はほぼ絶望的だった。理系の援助の多くはCOCOM規制と抵触する可能性があるので、アメリカや日本がいい顔しない。諜報に結びがちな文系の研究はベトナム側が峻拒する。その中で目をつけたのはまず考古学だ。ベトナムは東南アジアの中ではずば抜けて先史考古学の水準が高い。その公表は国の誉れでこそあれ、国防上、政治上の問題は少ない。日本側にとっても、考古学の交流なら政治的に問題になることはない。これにもうひと味、農学者の参加を得るために、日本とベトナムの稲作始原の比較をテーマとした。

トヨタ財団の後援を受けて、ベトナム考古学院に院長のハーヴァンタン教授ほか三名、農業史のダオテトゥアン教授（11参照）、通訳のホーホアンホア女史の五名がベトナム初の訪日学術代表団を構成した。日本のビザ取得に手間取ったが、なんとか一九八七年の夏、代表団の日本訪問が実現した。量博満先生（当時上智大学教授）の全面的な協力のもと、日本の錚錚たる考古学研究者が一堂に会し、京都でも東京でもベトナム代表団と熱心に意見交換が繰り返された。上野の国立博物館を案内したが、このとき同行の青銅器時代の専門家チューヴァンタン教授がガラスケースに抱きついて銅鐸に見入り、その前を離れようとしない。ドンソン時代のシンボル銅鼓（7参照）とほとんど同時期の我が国の銅鐸、この二つのあい似た銅楽器の関係は古くから取り沙汰されていた。これがベトナム人の研究者が銅鐸を実見した最初だ。タン先生は感動していた。学問が心をつなぐ。このときの討論の報告が『日本ベトナム初期農耕比較論』、全二巻（一九八八年、京都大学東南アジア研究センター）である。

ベトナム考古学団の帰国後、量先生らと二つの作業が進められた。ランバックでの日越共同発掘、そして大著『ベトナム銅鼓図録』（六興出版、一九九〇年）の出版だ。後者は日越考古学者の銅鼓への情熱と、バブル期の日本の撮影印刷技術の粋を集めた二八二ページ、一一五個の銅鼓の図版を集めた傑作だ。

1987年、ベトナム考古学代表団と東京国立博物館での考古学遺物調査時。右から量博満教授、ダオテトゥアン教授、ホーホアンホア女史、ファムフイトン社会科学アカデミー副総裁、筆者、2人おいてハーヴァンタン教授、1人おいて長谷部楽爾教授、チューヴァンタン教授、新田栄治助教授。

12

日本ベトナム研究者会議ことはじめ

もう一つの試みは、ベトナム在留中に作り上げてきたベトナム研究交流組織の建設だ。交流の発展のためにはとにかく行き来が重要だ。その頃ベトナム渡航を望むものには日越友好協会のようなベトナムが信用できる団体の保証が必要だ。もちろん日本側はベトナム人訪日者の身元保証人を求める。なんとか、ベトナム側にも日本側にも信用ある組織を立ち上げて、留学、実地研究の世話ができないか。古田元夫氏（当時東大助教授）は、七〇年代に日本語教師として渡越して以来、ベトナムの学界に強いコネクションを持ち、日本のベトナム研究者に高い信望を得ている。そこで古田氏と相談して、日越友好協会の研究者たち、また東南アジア史学会のベトナム関係者をこぞって日本ベトナム研究者会議を作り上げた。初代会長には山本達郎先生に御願いした。二代会長川本邦衛先生（当時慶大教授）を経て、現在は私が会長を与かっている。結局、九〇年代の研究開放以後、ビザの世話をする必要はなくなったが、年二回、ベトナムの全分野に関わるシンポジウムを開催し、また研究の前提になるベトナムの学術諸機関、諸先生との友誼に努力している。この二つが帰国後、最初の実のある仕事だった。

12

東南アジア研究バブル

八〇年代後半、日本の東南アジア研究が、妙な具合に動きだしていた。東南アジア研究、地域研究がいつのまにかもてはやされる学問になってきた。プラザ合意以後、膨れあがった日本の資本は、まだまだ改革開放経済開始直後で、天安門事件など揺れる中国には進まない。カンボジア内戦も収束に向かい、「戦場から市場へ」の流れがはっきりしている東南アジアに集中した。たとえばバブル最盛期の八九年の日本から中国への直接投資はわずかに四億四〇〇〇万ドル弱(一九九六~二〇一〇年間の対外投資残高で六六四億七八〇〇万ドル)だが、同年のタイは一二億七五〇〇万ドル(同じく二七七億八九〇〇万ドル)、シンガポールは一九億二〇〇〇万ドル(同じく二七五億二二〇〇万ドル)で、東南アジアのプレゼンスは圧倒的だった。

これにつれて各大学でも東南アジア研究者を求めた。若い東南アジア研究者の研究機関就職が俄然好転しだした。科学研究費の配分も増大した。そしてその先頭に私のいた東南アジア研究センターがあった。渡部忠世先生(当時京大教授 作物学)編の『稲のアジア史』全四巻(一九八七年、小学館)は、センターの農学の業績をまとめたものだし、矢野暢(当時京大教授 政治学)編の『講座 東南アジア学』全一〇巻+別巻(一九九〇~一九九二年、弘文堂。一九九二年毎日出版文化賞特別賞受賞)、同氏編『講座 現代の地域研究』全四巻(一九九三年、弘文堂）はいわば、センター生え抜きが総出で取り組んだ、いかにも東南アジア研究が地域研究の冠だという宣言の書だ。私自身もこれらの企画に複数の論文を寄稿している。

しかし、金字塔列のような業績は基本的には過去のフィールドの自慢話だ。これから研究の自由化が進み、誰でもフィールドに出られる時代が来る。残念ながら、ほら話をのぞけば、この著作群には地域学への展望は見られない。バブルとは過去の成功に幻惑されて、未来の資本が投資されて発生する。その意味で東南アジア研究バブルの時代だった。

バブルの象徴は京大東南アジア研究センターのリーダーＹ教授だ。Ｙ教授はタイ政治学の研究者、六〇年代には南タイ、ソンクラー近くの村落調査を行ない、タイのイスラム村落についてのパイオニア的な業績を残した。Ｙ教授が京大東南アジア研究センターに移って以後、その学問は大きく変わった。もともと教授の回転の速い頭脳に、地道で悠長な地域学は合わない。Ｙ教授は、わかりやすい東南アジアの解説、ときには世界の解説でジャーナリズムに躍り出た。世界、文明、世界単位などという言葉がさかんに用いられ、あたかも東南アジア研究が学問総体をリードするキーの学問のように語られる。Ｙ教授の文章は刺激的で歯切れがいい。たちまちＹ教授はマスコミの寵児に押し上げられた。

12

遠くバブルの外から

「すぐれた」ジャーナリストは難しい内容を易しく話すことだろう。わかりやすいニュース解説者はひっぱりだこだ。しかし、研究者にまでそれを求められれば問題だ。研究者の本務は「真実」と「事実」の探求にある。「真理」にせよ、「事実」にせよ、そうそう簡単には見つからない。夏に蔵いっぱいの蜜柑をかきわけて、ようやく腐っていない蜜柑を一つ見つけ出す（落語の「千両蜜柑」）。簡単に見えることに大変な労力を用い、結果的に複雑でややこしいことを証明するのがプロの学問だ。「ベトナムのドイモイはこんなものです」というニュース解説があれば、「いや、そんなに簡単なものではありませんよ」と異議を唱えるのが地域学だ。もちろんテレビの解説には向かない。狭い講壇が唯一の市場だ。

Y教授が東南アジア研究の広告塔であるうちはいい。フロンティアであった東南アジア研究の知名度が上がり、多くの東南アジア研究者が恩恵に与る。問題は、Y教授の名声に憧れ、その学問を模倣する傾向がセンターに蔓延しだしたことだ。これは結構つらい。私はなんのためにセンターにきたのか。地域に埋没した、地道で、時間のかかる研究をならいにきたのではなかったか。

一九八八年の秋のことだ。私はたまたまバンコクのスクムヴィットの路上を歩いていた。

まったくの偶然で、当時センターの所長だった石井米雄先生が、やはり一人で散策している姿を見かけた。その頃私はおもにインドネシアで仕事をしていたから、先生とお会いするのは久しぶりだ。二人でプレジデントホテルの地下の喫茶店に行った。そこで先生が所長を辞めたら、センターも辞めると言う。もちろん、先生の定年退官のはるか以前だ。ただごとではない。それほど先生は最近のセンターの研究のあり方に強烈な批判をお持ちになっていた。そのとき、先生は桜井も辞めて一緒に東京に戻ろうと言う。その凄いお話が偶然の出会いで語られるのは驚きだが、そのとき、私にはその流れがなんの抵抗もなく聞き取れた。私自身、センター撤退を密かに考えていたからだ。

【註】

(1) COCOMは対共産圏輸出統制委員会の略称。冷戦時代に対共産圏への輸出を規制するためにNATO諸国と日豪で作られた。一九九四年に解散。

(2) 一九八五年九月、G5(先進五カ国蔵相、中央銀行総裁会議)で合意された、為替レート安定化対策。この結果、現在の基調となる円高ドル安相場が誘導され、日本資本の海外進出が加速された。

12

13

地域研究の世界でも、理論やら真理が出現し、ほとんどは瞬時にして掃き捨てられる。しかし「事実」を捨て去ることはできない。

真理と事実

インディ・ジョーンズという「大活劇」映画のシリーズがある。ハリソン・フォード演ずる「考古学者」が遺蹟、遺物の盛大な破壊を続ける。前半のややアカデミックな気取りと、後半の徹底した荒唐無稽ぶりの対比がいい。そのパート一、『レイダース／失われたアーク《聖櫃》』（一九八一年、スティーヴン・スピルバーグ監督）では、教室でインディ先生がぶつ。「ここでは事実 fact を教える。真理 truth を学びたいものは哲学科に行け」。この台詞、ずいぶん、講義のときに使わせてもらった。地域学者はどんなにひっくりかえっても哲学者ではない。

「真理」を説くようにはできていない。「事実」が大事だ。かつて経験した政治の世界と同じように、地域研究の世界にも、雨後の筍のように、理論やら真理が出現し、ほとんどは瞬時にして掃き捨てられる。しかし「事実」は、無視冷遇されることはあっても、捨て去ることはできない。

八〇年代末、東南アジア研究バブルの最盛期、京大東南アジア研究センターが東南アジア研究の司令塔とされ、ジャーナリズムや文科省にちやほやされていた。しかし、それは東南アジア研究二〇年が築き上げた成果とは違うところにあった。おもしろい「思いつき」が、地べたを這い回る「事実」を求める研究を、冷遇した時代だった。

とはいえ、私自身がその潮流から孤立していたわけではない。私はY教授のたった一人の助教授である。孤立は許されない。私の京大随一の恩師高谷先生はまさにその「思いつき地域学」の元祖だ。ただし、先生は神のごとき観察眼を持った超天才だから「思いつき」が事実を言い当てる。調べ上げられた事実よりも、早く正確な事実に到達することができる。だが高谷先生は何百年に一人の学者だ。高谷先生以外がそのまねをすれば、ドジョウが金魚をまねたようになる。貧しい草野球の捕手のようだ。研究バブルの時期には、多くの人が自分を秀才、天才と誤認して、踊りを踊っていた時代だった。

私はその潮流の傍流とみなされた。しかし私自身もけっして不本意ではない。私は私で

13

世界の景観から歴史を理解するという野望を持っていた。なによりも、事実を求めるための長期定着調査は、まだまだベトナムで許されなかった。私はいかに疑問を感じても、大きな話につきあっていかなければならなかった。

熱帯放浪

既に東南アジア研究センター撤退を決意されていた石井米雄先生は、私がこんなセンター流行の議論に巻き込まれることをひどく危惧していた。一九八八年、センター所長だった石井先生は、私をセンターから切り離すために、インドネシアに送り込んだ。半年、

1988年6月、中部スラウェシの峠上で、乗り合いバスが泥道につっこんで動けなくなった。泥濘の路上に同じような車両が延々と続く。この夜は周囲の草原にはられた天幕に、この人たちとごろ寝した。

ジャカルタの京都大学事務所を拠点に、西はスマトラ全域、東はハルマヘラ、北はカリマンタンの国境山岳地帯と、ほぼインドネシア全域を歩き回った。スラウェシ南端のマカッサルから陸路、バスを乗り継ぎ、ジープをレンタルして南スラウェシを縦断し、中部スラウェシのパルーから北スラウェシのメナドまで一人旅を決行した。連日の豪雨の山中を走りまわり、泥土の上に天幕もなく露営し、ブヨとヒルに悩まされ、ぼろぼろの濡れ雑巾にようになりながら、来る日も来る日も真緑の中をさまよった。成果のないベトナムの二年間。求めていたホンモノと遙かに遠い研究。もう四〇歳の半ばに近い。焦りが凝固して、狂気の旅の背中を押した。

ドンデーンの輝き

当時のセンターでの空中戦のような議論に自ら距離をおいたのは、石井米雄先生だけではない。タイ農業研究の司令塔、福井捷朗教授もその一人だ。福井教授は、センター地域学がどんどん広域化していく中、東北タイの一農村の研究に没入していった。ドンデーン研究である。ドンデーンはコーンケンの北にある小村の名だ。センターの設立まもない一九六五〜一九六六年、故水野浩一教授が調査した村だ。これまでタイの村落研究は中部タイに集中し、このためエンブリーのゆるんだ社会論《ルースリー・ストラクチュアド・ソーシャル・システム》(1)など耳に入りやすい議論が人口に膾炙する中、厳密な地域学的調査法を駆使し、東北タイ農村の社会結合の複雑さを論じた水野教授の研究（水野浩一『タイ農村の社会組織』、創文社、一九八一）は、日本東南アジア学の金字塔の一つだ。福井氏はこの水野氏の六〇年代の静態的なモデルが、それから未曾有の経済発展の一五年を経たのちにどのように変容したかという問題意識をひっさげ、一九八一年から八六年まで、タイに関心を寄せる歴史学者、社会学者、農学者、水利学者を動員して、長期にわたる総合的定着調査を続けた。この結果、「よい田を求めて《ハー・ナー・ディー》」という言葉に代表される村の移住性行をはじめ、コーンケンの工業化と伝統農業の変質など、詳細なデータに基づくさまざまなドンデーン村の主題が見出された（福井捷朗『ドンデーン村――東北タイの農業生態』創文社、一九八八年）。ドンデーン計画は、地域の特性を描き出すために、複数の科学領域の調査結果を統合するという地域学の数少ない実例だ。同時に、ドンデーン計画は、地域研究育成センターとして、タイ地域研究の新しい世代を生み出した。現代のタイ研究の第一線を走る人類学の林行夫（現京大教授）、水文学の河野泰之（現京大教授）などは、このドンデーン計画の中でその修業時代を過ごした人々である。八〇年代、東南アジア研究センターは多くの本を出版し、講座本を企画した。しかし、その多くは消え去り、ドンデーン計画の残した成果と、育てた人だけが残ったと思う。

六〇年代以降の日本地域学が、二〇年かかって、その最初の段階を乗り越えた。私は厳密なドンデーン専門家集団にまぜてもらうことはついになかった。ドンデーン計画を指をくわえて見ていた。しかし、私が真に求めていたものは、ドンデーン計画のように、「ひたすら、ひとすじ」の研究である。この思いが一九九四年から現在まで続く北部ベトナムのバックコック研究でようやく花開く。

一九八八年の夏、その福井教授が、ジャカルタにいた私をバンコクに呼び出した。福井教授が企画し、センターが主宰した学生実習旅行のお手伝いである。公募された二十数名の学生がバンコク、コーンケン、ピサヌロークを回り、景観を観察しながら、福井教授や社会学の坪内良博教授のレクチュアーを受ける贅沢な計画だ。教える側も、若い学生の新鮮な関心や感想とともにする旅はこよなく楽しい。参加学生の中から山地タイ民族史の加藤久美子（名古屋大教授）、タイ社会学の船津鶴代（アジア経済研究所）が育った。残念ながら、京大東南アジア研究センター／研究所は、あまり評価せず、学生実習計画を継続しようとはしなかった。私は一九九三年に学生諸君とアジア農村研究会を組織し、以後、現在まで毎年、二十数人の学生たちを東南アジア・東アジア各地に連れて行き、村落調査実習をしている。私的ながらこのときの福井教授の発案を継承したものだ。

つまり、研究バブルのただ中で新しい地域学を創設すること、それはセンター世論からはあまり高い評価を受けていない、福井捷朗教授のドンデーン計画や学生指導を継承発展させることとわかってきた。そしてその一九八八年のタイ研修旅行の帰途、先号に述べたバンコクでの石井先生との出会いと、先生のセンター撤退の決意を知らされたのだ。

天なるかな命なるかな

人生が大きく動き出した。ジャカルタに戻ると、母校東大文学部東洋史学科でインド史を講ずる辛島昇教授から、インドネシア来訪の知らせが届いていた。辛島教授夫妻とジャワのヒンドゥー遺蹟を見て回った。スラカルタに泊まった夜、突然辛島教授から東大への異動をすすめられた。東大東洋史で東南アジア史を講じられていた永積昭先生は、その前年、急死され、東南アジア史担当のポストが空席になっていたのだ。石井先生に東京帰還の決意を知らされたばかりだ。とはいえ渡りに舟ではない。

センターの研究環境は、これ以上は望めないほどにすばらしいものだ。広闊な研究室、ほぼ自由に近い海外調査、十分な研究費、最先端の地域分析機器、東南アジア研究に集中した膨大な蔵書、そのうちのベトナム部門は私自身が購入を指揮したものだ、高谷先生に代表されるすばらしい先輩、公私にわたって世話を受けた同僚たち、なによりも裸一貫でたどり着いた私を助教授にまでしてくれた大恩ある場所だ。そのすべてを放擲するのはあまりに残念であり、不徳義だ。一方、東大での職は歴史学の教師だ。かつて、私は歴史学を必死に修めた。私の主要な業績は歴史学だ。歴史学の業績と「事実」との距離に疑問を感じて、地域学を追求したのはずいぶん前のことだ。歴史家として評価されるのはうれしいが、地域学者としての仕事は否定されたに等しい。

家庭の事情からいえば、郷里横浜に一人暮らしの母が八三年に脳梗塞で倒れ、今は姉が通いで面倒を見ている。これは帰らないわけにいかない。一方、生涯の家を宇治に買ってから、いくらもたっていない。娘は宇治の中学に入ったばかり、息子は最高の小学校時代を送っている。プッシュとプル、東京と京都が綱引している。

一九八八年は悩みに悩んだ。人事の話は親にも漏らさない。これが鉄則だ。誰にも相談できない。石井先生は東京行きに賛成、高谷先生は反対ということはわかっている。思いかねて、兄貴分のインドネシア史、故土屋健治さん（当時京大助教授、一九九四年急逝）に仮定の話として意見を聞いた。土屋さんは即座に言った。「自ら求めた話ではない。また誰でもできるという話でもない。帰るのが天命だ」。天命か、ならば選択の余地はない。きっとその天命は、本郷東大の関頭に地域学の旗を翻せというものだ。

13

【註】

（1）一九五五年、人類学者のJ・F・エンブリーは論文「タイ国―ひとつのルースな構造の社会体系」を発表し、一般に共同体的結合が強いとされるアジア農村の理解の中で、タイの農村は社会的結合が弱く、農民は比較的個人主義の強い文化を維持しているとした。

14

東南アジアで文明が生まれなかったのは、あまりに豊かな自然のおかげだ。その共通の文化は、豊かな自然に同化して生まれた。

バンコク大洪水

この原稿を書いているとき、日本ではタイの大洪水のニュースがかまびすしい。バンコク北の工業団地群に甚大な被害があった。しかし、思い返せば被災地、特にアユタヤの南は、ついこの間までデルタの深水地帯だった。稲は浮稲が多かったし、洪水時には水田の上を舟が行き交った。七〇年代洪水時、スクムヴィットの紳士淑女は、みなズボンやサロンを膝までたくしあげ、ぬいだ靴を両手にさげて歩いたものだ。石井米雄編『タイ国、一つの稲作社会』（創文社、一九七五年）は、六〇年代から七〇年代初めのチャオプラヤーデルタ研究の総まとめのような名著だ。一読すれば、バンコクの北の工業団地立地に、いささかの躊躇があったかと思う。

それらの優れた業績は、六〇年代、七〇年代の日本政府が膨大な予算を東南アジア研究に注ぎ込んだ結果生まれた。しかし、八〇年代以降、東南アジアに商機を求める人々で、日本にそんな研究蓄積があることを知る人さえ稀だ。政府機関であるＪＩＣＡや国際交流機関にいたっては、大学の地域研究者とはなるべく疎遠であろうとする。企業も政府機関も自前で育てた情報通でないと使い勝手が悪いと思っている。

東南アジア理解の需要と供給はいつもすれ違った。そのうち、東南アジア研究の最大の「売り」だった文系と理系の協同研究は跡を絶ち、各学問がそれぞれに象牙の塔にこもって、ひとり合点の「理論」をつぶやきだした。かくて、東南アジア研究はこれまでの学問同様、すっかり現場と関わりのないものになってしまった。現場は東南アジア研究を忘れ、東南アジア研究は現場を忘れた。

西アジアへの旅

一九八九年、世界もいそがしかったが、私個人にもせわしない年だった。まずは私を代表者とする中国全土の地域学的調査プロジェクトに科学研究費補助金がついた。その頃は稲の起源論争がはなやかなときだった。それまでは稲作の起源は雲南山地で、雲南から東南アジア、インド、東アジアに放射状に伝播していったと考えられた（渡部忠世『稲の道』NHKブックス、一九七七年）。雲南、行政上は中国の領域だが、東南アジアの延長と考えるのが東南アジア研究者の常識だ。ところが、上海近郊で次々と新石器時代の稲作遺跡が発見されだした。雲南起源はどうも歩が悪い。今なら、新石器時代の上海は東南アジアです、当時の中国とは河南省だけの時代です、などと言い切って、稲作「中国」起源論を歯牙にもかけないだろう。当時は、稲作の始原が上海であるとされると東南アジア研究の死活問題のような気がしていた。そこで私が代表者になって上海周辺、北京周辺、鄭州、洛陽、西安、四川盆地、四川省チベット自治区などを概括調査して、中国の伝統稲作の概要を知る科学研究費計画を作成した。

ところが六月、天安門事件が持ち上がった。文部省から中国調査の自粛要請があった。一つは政情不安定で危険があること、二つには民主主義デモを弾圧に突っ走る中国政府への抗議だ。六〇年代の文部省の荒技を実見した私たちは、「文科省よくいうよ」、などとほざいたが、これには困った。第一、学問を政治に連動させて、ことあるごとに凍結だ、自粛だと、調査を制限されては学問に進歩がない。中国の文化大革命のときも、ベトナム戦

14

争のときも、またカンボジアのポルポト政権の大虐殺のときも、日本の地域学者はまったく真実を見抜けなかった。この年に起きるベルリンの壁解放、翌年以降の大ソ連邦の解体、なにひとつ見抜けなかった。みな学問が政治と癒着し、政治に遠慮した結果だ。とはいえ、研究費の出所は文部省だ。地域学はつらい。多額の調査費用がかかる。調査ができなければ学問がなりたたぬ。文科省の顔色をうかがいながら学術計画を立てる。この悪しき習性、COE計画のおかげで、ますますひどくなっている。

西アジア調査

さて、担当者と話しあい、急遽、西アジ

1989年、イラン、エルブールズ山脈を歩く筆者（右から２人目）

アの水田環境調査に切り替えた。イラン・イラク戦争が一応休戦に入ったが、湾岸戦争の一年前だ。パキスタン・トルコ・イラン・ギリシャ・イラク・エジプトと、水利学の河野泰之氏（現京大教授）と一緒に早足でかけめぐった。三ヵ月後、疲れ果てて帰国した。戦争が止まったばかりのイラン・イラクでは連日、青年組織に拳銃や自動小銃で追い回された。戦争キルクークでは丘の上から重機関銃に狙われた。拉致だ、拷問だ、処刑だという物騒な声がひっきりなしに聞こえる。

この調査旅行、得るところは大きい。東南アジア研究者が西アジアを見るということ、そうあるものではない。その頃から今に至るまで、東南アジアという枠組に反対する人が絶えない。彼らは言う。ヨーロッパという世界がある。東アジアや南アジアという世界がある。しかし東南アジアという世界はない。東アジアの南への延長と、南アジアの東への延長が交わっただけだ。最近は東南アジア研究者自身でそんなことを言い出す人が増えた。言い古された「東南アジア」という枠を外すことが進歩だと思っている。私たちは七〇年代から東南アジアという特別な地域の存在を主張してきた。環境が決定したもので、学者が思いつきで枠を変えていいものではない。

確かに東南アジアは共通した文明を持たない。世界宗教もばらばらだ。歴史を通じて東南アジアが統一されたこともない。植民地勢力も単純ではない。列強のオンパレードだ。

東南アジアは一つの「文明世界」ではない。しかし、目を文化、つまり土地の生態系に適応した生き様に転じると、湿潤熱帯という共通の気候が生んだ共通した生活が地域全体に広がっている。東南アジアは一つの「文化世界」だ。学者の考えであったりなかったりするものではない。こんなことはわかるようでわかってもらえない。全東南アジアを走り回り、また東南アジアの外の世界から東南アジアを見つめ直さなければいけない。

東南アジアと西アジアは、しかも肉と麦の食生活、魚と米の食生活をそれぞれに生み出し、ほかの世界に決定的な影響を与えた。ともに東西両文明をつなぐ位置にある。イスラムといえば西アジアだが、世界最大のイスラム国家はインドネシアだ。メッカにはインドネシア人の集落があると聞いた。すごい共通点を持っている。

しかし、東南アジアと西アジアはまったく違う。西アジアの肥沃な三日月地帯といえども、夏季は大乾燥する。植物にはつらい。はてしない大平原に枯れ草だけが広がる。昔なら馬スキやマグワ、今はトラクターがひきまわし、ムギの種をばらまく。それは豊潤な稲作農業の空間とはまったく異なる荒々しい農業だ。稲作では苗の一本一本をいとおしむ。つまり個別認識ができる。麦作では植え付け面積でしか数えない。つまり集団認識だ。羊がそうだ。集合名詞だ。個体が認識されない。

西アジアの古代遺跡を歩く。なぜこうまで住みにくいところに都市を造るのだ。沙漠の

14

中の石と日干し煉瓦、無理に引っ張ってきた水、人工の緑。しかし、自然を超克したその都市空間から世界的な文明が生まれる。東南アジアで文明が生まれなかったのは、あまりに豊かな自然のおかげだ。その共通の文化は、豊かな自然に同化して生まれた。一八〇度違う西アジアを見て、初めて東南アジア地域がわかってきた。

歴史地域学

一九八九年最後の長期出張はタイだ。西アジアからの帰国後、わかったげにユーラシアの農業始原などをテレビで語り、商社と組んでシンポジウムなど組織していた。石井先生はそんな私をひどく心配していた。バブル日本の東南アジア研究からなんとか私を切り離そうとした。タイに行ってこい。先生の指示は私にとって、鶴の一声だ。

このときの東北タイの調査は楽しい調査だった。社会主義国家や過激なイスラム主義国家に住んだり、経巡《へめぐ》ったりしたあとにタイに住むと、タイの落ち着きと和らぎが天国に思える。研究主題は東北タイのため池利用法の調査だ。誰も注目しないような小さなため池を一つずつ訪れては、その意味や問題を聞き取り調査していく。東北タイやカンボジア平原などの天水に頼るだけの農業では、ため池だけが集約農業を許し、余剰米をつくりだす。

それが都市を形成させる。なんとも心落ち着く仕事だ。

しかし、東北タイの調査からバンコクに帰るたびに、テレビが東ドイツの革命を繰り返していた。私たちの世代にとって、米ソの対決はいわば永遠不動の構造であって、冷戦からしかすべての現代は語れない。その一方の雄、かつて憧れていた労働者の祖国が、当の労働者自身の運動によって崩壊していく。私が生きているうちに、二つのドイツが一つになるなど考えてもみなかった。いわんや踵を接したソ連の解体など。一時も立ち止まることなく、たえまなく歴史は動いていく。現在の「構造」を考えているその時点で、その構造は次の構造に移っていく。豊かさも、やすらぎも、そのたびに置き去りにされる。おきざりにされた構造と突き進む歴史を同時に描き出す。歴史地域学の発想はこのときに生まれた。

14

「竹光が盥にのって御城入り」

天安門からベルリンまで、めまいがするような一九八九年が暮れた。私が生まれ、育ち、恋をし、旅をした「昭和」という時代も終わった。

一九七七年、石をもて逐われるように東大から京都に移った。このとき、温かく迎えてくれた京都から、一九九〇年、東大に移籍した。高谷先生はじめ、私を育ててくれた大恩ある先生方はみな激怒したはずだ。今度は地域学の裏切り者として放逐された。私の飛躍には敬愛する多くの方々の不本意がへばりつく。

表題の駄句を作った。本意は「竹光」にある。私はもともと落ちこぼれの学生だ。京大では研究機関にあって人を教えることをしてこなかった。研究の結果が教育だ。教育は研究よりはるかに難しい。こんな内容のない人間が、東大で「教育」ができるのか。すさまじい不安が四四歳の胸を締めあげる。

14

15

ところが先生は一言、そうして、みんな東南アジアの農民のことを忘れていくんだよな、とほっつりと言った。酔いが一時に冷めた。

Human in between
はざま人間

一九九〇年の春四月、古巣の東京大学文学部東洋史学科に通いだした。妻と二人の子供は学校の関係で宇治に残し、私は単身で横浜の家に戻った。東大で最初の学生だった吉沢誠一郎氏（現東大准教授）などは、のちのちまで私が酒ばかり飲んでいたように記憶している。家族を離れて猛烈に寂しかったにはちがいないが、それだけで酒を浴びたわけではない。あるとき、東南アジア研究センターでかつての在籍者の業績評価の試みがあった。私の文学博士論文（『ベトナム村落の形成』一九八七年、創文社）が俎上にのぼった。地域学の業績とは認められないという評価だったと聞いた。それまで、センターの地域学の中心にあった。センターとは俺のことだと、自負もし、人にも語っていた。地に落ち込むような思いがした。もちろん、文献学に戻れるわけではない。文献学からも、地域学からも捨てられた。結構、殴られ弱い。酒に逃げ込んだ。

雲南放浪

あてのない旅はまだ続いている。九〇年、中国各省の稲作調査をした。前年、西アジアを命からがらつきあってくれた河野泰之氏が、今度も一緒だ。上海近郊デルタに始まり、河南省鄭州の稲作調査、そして四川省の都江堰から、岷江をさかのぼってチベット人自治区に入り、高原の寒冷地での畑作雑穀を調べる。戻っては揚子江をさかのぼって、雲南省境の亜熱帯地帯で考古学の都出比呂志先生（当時大阪大学教授）と大石墓と呼ばれる新石器時代の遺跡を調査する。私はあちこちで、雲南省の昆明は南に紅河を通じて東南アジアと、東は揚子江を通じて四川省とをつないでいると書いてきた。その仮説を実見するためだ。中国研究者がこれに気づいたのはずいぶん後だ。中国が「西南大開発」と称して、昆明や大理を東南アジアへの出口として集中開発してきた。中国のメコン川水運改善が、東南アジアの環境に大きな影響を与えだした。だから、東北タイを研究する生態学者が騒ぎ出したのもずっとあとだ。文献研究では絶対に見えないものが、走り回れば見える。かといって、歴史を知らず、遺跡を見る目もなければ、いくら走り回ってもその意味がわからない。それができるのは、一応、歴史を知り、一応、環境が読める私だけだ。浙江省に下って、中国の稲作史研究会に参加する。最後には上海の街路を、関西一の酒豪を称する都出先生と、酔っぱらって歩き回った。

翌一九九一年には、私に水利学の入り口を教えてくれた海田能宏先生（当時京大教授）と河野氏とともに、雲南省に入り、昆明から車を借りて、雲南省を縦横に走り回った。大体、私を地域学にはまらせたのは照葉樹林文化論が元凶だ。東南アジアの山地を横断し、西はヒマラヤ山麓、東は西日本に至る森の文化圏がある。照葉樹林文化圏だ。そこには、発酵食品がある。蒸す文化がある。たわわな稲穂、茅の屋根、樫の柱、竹、漆、絹、そして家族になぞらえた柔らかな人間関係、日本の生活と文化の原型はすべて照葉樹林に生まれた。ガンジー政権下のインド、文化革命期の中国、そしてテロと弾圧の荒れ狂う西アジアにひどく絶望していた七〇年代の私たちに、照葉樹林文化論は湿った柔らかさと緑、小川の流れを思い出させてくれた。大島渚の映画のあとにジブリの作品を見るようなものだ。地域学は母の懐に回帰させる学問だ。東南アジアは共通の文化が作った一つの地域だ。この東

15

南アジア地域論の原点は間違いなく、今西錦司の学流に属する農学者たちの打ち出したこの照葉樹林論だ。雲南は確かに政治的には元代以来中国だが、私たちにとっては、東南アジアの聖地だ。しかし、文革期の中国はもちろん、その後も長くこの地を踏めなかった。

上海社会科学院の協力で、この年、かなりの自由度をもって雲南を歩き回ることができた。私たちは北タイの研究から、タイ人が古くからムアンファーイと呼ばれる堰灌漑の技術を持っていたことを知っている。西双版納で、このムアンファーイ灌漑が生きているのを見た。サルウィン川を越えて、徳宏タイ人[1]の世界に入る。そこでは明治に大江卓に率いられた日本人開拓民の話が伝説になっていた。サルウィンを挟んで、国府軍と日本軍が壮烈な砲撃戦を交わした話を聞いた。日本軍の将軍が中国人の妾に耽溺したり、盆地の小さな王様が上り下るポニーのキャラバンから通行税の銀を召し上げる話も聞いた。ドンソン文化のもととなった昆明の滇《てん》国の遺物をみた。二〇〇〇メートル近い山々を登り詰め、谷底の川に急降下する。記録映画では何度も見た中印援蒋公路[2]を走る。おもしろくないわけはない。

インド化を求めて

その一方で、インド史の辛島昇先生（当時東大教授）のすすめで、インドの碑文学者とともに東南アジアのインド化遺跡の調査をした。東南アジアは五～七世紀頃、ベンガル湾公路が発達するとインド文明の大きな影響下に入る。どころか、インド人が驚く見事な六世紀頃のサンスクリット碑文が南ラオスで発見され、インドにもない大遺跡が八世紀ジャワには出現してくる。昔、昔、それこそ二〇歳を少しすぎたばかりの頃、辛島先生とともに、東南アジアのインド化の研究で有名なジョルジュ・セデス先生の『東南アジア文明史』[3]を訳したものだ。それが、私の最初の東南アジア史への貢献だ。東南アジア古代史がインドと切っても切れないことを知っていても、当時はただ地図の上で遺跡の地名を覚え、文献の上で遺物の存在を知っただけだ。そのときは、遺跡の地に行き、

1990年夏、四川省の高度4000mの高原でチベット族の農夫にヤクの犂ひきを習った

碑文の拓本を手にし、インド人の学者に目の前で読んでもらうことができる。九〇年から九三年にかけて、快適なホテルとインド料理を求めるインド人学者を叱咤しながら、南ラオス、南ベトナム、東北タイ、マレーシア、ジャワ、スマトラ、遺跡の所在を探して走り回った。

国際学会でも、さかんに国際関係の中で、東南アジアが生まれると論じた。その頃はまだまだ国際的にはナショナリズムの影響で、東南アジア自身の文化的成熟が議論されていた時期だから、山のような批判がきた。おもしろくて仕方がない。東奔西走、腰が温まらない。

世界史教科書

その頃から、東京書籍で世界史B(4)の教科書の編集に携わった、世界史では付属物のように扱われていた東南アジア史の研究者が、世界史教科書の執筆に参加するのは山本達郎先生以来のことだ。バブル日本の海外進出がかまびすしいときに、東南アジア史が世界史の中の重要な一翼になる。世界史の中で東南アジアを語ることができる。東南アジアは文化の共通性によって成立する一つの地域である。いくら照葉樹林のすばらしさをいっても、それだけでは他世界との関係性が持てない、と当時は思っていた。東西交渉がある。旧大陸の人類は、新石器時代から活発に地域間交渉を続けている、交易があり、商業がある。熱帯と温帯・亜熱帯の狭間、インド洋と南シナ海の間に東南アジアがある。まさに狭間の世界だ。東南アジアは確かに、インド文明にとっても中国文明にとっても辺境だ。文字や芸術では世界文明にあまり貢献できない。しかし、複数の世界を結ぶことができる。複数の世界が関係性なくしては存在しえなくなったとき、今度は複数の世界を結ぶ地域が、中心性を持ちうる。ヴェネツィアやアレキサンドリアがそうであるように、東南アジアの港々はアジアの海の中心になる。一五世紀のマラッカ王国は南シナ海とインド洋を結び、一九世紀のシンガポールは中国とヨーロッパを仲介した。エンポリウム（中心市場）論と称して、さかんに売り込んだ。教科書定番の巻頭の万里の長城やピラミッドの写真をなくした。あらたに「世界史の舞台」という枠をもらい、アフリカやメソポタミアに始まって日本や欧州に至る穀物の伝播をいっぱいに写真を使って論じた。照葉樹林、ネットワーク、港市国家などなど、東南アジア研究が生み出した言葉、旅をしては思いついたことを、教科書の中にちりばめた。よくぞ編集長の尾形勇先生（中国古代史、当時東大東洋史主任）ほか編集委員の諸先生が許してくれたものだ。歴史学からも、地域学からも乾されていたときだ。東南アジア史を軸に世界を歩く、世界史を書きなおすということ、誇らしく楽しかった。

(5)

バブルの終わり

九二年の寒い暮、ドンデーン研究で地域学の方法論を築いた福井捷朗京大教授と本郷で飲んだ。おおいに酔って、鼻高々と交易だ、世界史の中の東南アジアだと、その頃は同時代世界史、今で言うグローバルヒストリーの知見を披露した。はてはマルクス・アウレリウスと女王卑弥呼の関係などと、口からでまかせの法螺話に興じた。福井先生も基本は法螺話の人だ。おもしろがってくれると思った。ところが先生は一言、そうして、みんな東南アジアの農民のことを忘れていくんだよな、とほっつりと言った。酔いが一時に冷めた。顔が真っ青になっているのが自分でも解った。そう、世界の人口でも東南アジアの人口でも、おおよそ七割が農村にいる。ヴェネツィアの輝きもインド洋の海の青さも、実は地にへばりついて生き続けなければならない、農民たちのはるか上空で踊っているだけだ。かつて日本の学問は、そこを痛いほど解っていた。知識人の親たちはほとんど農民だった。だから、農村と学問は深いところでつながり、日本独自の農村社会学や農村史があった。確かに高度成長期にこの学問の伝統はなくなったが、ほとんどのアジアではこの情況は続いている。農村こそはアジアの大底だ。それが解っていたから、かつて農村革命に夢をかけて、農村研究に燃えたのではなかったか。その農村への集中が、もはや京大の東南アジア研究センターではできなくなったことを知って、東大に移籍したのではなかったか。心底、福井先生に深謝した。農民研究、ベトナムのそれがいかに困難に満ちたものであろうとも、歴史が大衆の作るものであり、地域は大衆が作り上げたものである以上、逃げるわけにはいかないのだ。なぜなら私たちはホンモノを求めているからだ。

私は四八歳、酒と旅にあけくれた四〇代が終わろうとしている。折も折、日本のバブルが突然、その終焉を迎えた。生涯の仕事となるバックコック研究が目の前にある。

【註】

(1)タイ人の自称ではタイメオ。

(2)日中戦争中、重慶に移った蔣介石政権に、英米は東南アジア側から援助物資を送ろうとした。そのうち、ビルマを抜けて雲南に入り、昆明に至る道を援蔣公路、ビルマルートと呼ぶ。一九三八年に完成した。

(3)[5]参照

(4)高校で国際化教育の代表として必修とされる世界史は、四単位の世界史Bと、近現代史中心の二単位の世界史Aに分かれる。

(5)国際港が交易や港湾の利益だけで国家を作る。ヴェネツイア、マルタ、ロッテルダムなどが典型だが、前植民地期の東南アジアには、マラッカをはじめ無数の港市国家があった。

16

ドイモイ後は経済面での自由化が標榜されるが、実は学問の自由化も著しかった。科学にもっとも重要なものはデータであると、初めて公然ということができた。

レ先生

「人生がそれほど劇的であるわけがない」と、この連載の読者に注意された。思いつきで生き様が変わるほどに、人生は単純ではない。生き様が変わるには、それを許す客観環境の整備が十分条件だ。セレブが世界を動かす話に別れ、再び地域の農民研究をする、と思ったとたん、口をへの字に結んだ、ベトナムの党や軍の高官の硬直した顔が目に浮かぶ。所詮、外国人の調査は無理か。絶望的な気になる。

ところが、私は強運の持ち主だ。ベトナム研究をめぐる環境が大きく変わってきた。

一九八九年の秋、一人のベトナム人教授が私の京大の研究室のドアをたたいた。ベトナム歴史協会会長ファンフイレ教授（ハノイ総合大学）である。レ教授、学識、品位、どれをとっても最高だ。流暢で上品なフランス語とあいまって、世界中のベトナム研究者を魅了する。

レ先生がもちこんだのは、「ホイアン国際会議」の相談だった。ホイアンは、中部ベトナム、クアンナム省の港町だ。ホイアンには一七世紀、フェイフォーと呼ばれ「大交易の時代」の南シナ海交易の重要なハブになった。東南アジアには古い港町が多い。しかし、その多くは植民地時代にはげしく改変され、それ以前の港町のイメージをまったく残していない。ホイアンは前植民地時代の港町のたたずまいを残す超貴重なマチだ。

ホイアン日本町

レ先生の持ち込んだ話はやや胡散臭い。ホイアンに関する国際的で学際的なシンポジウムを開きたい。このシンポジウムを主催するベトナム国家は、これを越日友好のシンボルにしたいというのだ。台北大学の岩生成一先生の『南洋日本町の研究』（南亜文化研究所、一九四〇年）は確かにアカデミックな大著で、一七世紀、東南アジア各地の港にあった日本町を学界に知らしめた。同時に「冒険ダン吉[1]」や「快傑ハリマオ[2]」と、同じく日本人の南海冒険ロマンを煽り立てたのも確かだ。日本人が東南アジアで活躍する話が騒ぎ立てられるときは、裏になにかがある。身をひいて考える。

ホイアンには一六世紀末日本人が作ったという伝承を持つ「日本橋」(実名は來遠橋)という中国式家橋がある。ホイアン近郊の五台山の石碑に日本営(日本町)や、日本人らしき名前が刻まれる。日本人の名前を刻んだ古墓の墓碑が発見されている。また名古屋の寺にはベトナムへの航海とホイアンを図示した絵巻物が保存されている(小倉貞男『朱印船時代の日本人――消えた東南アジア日本町の謎』中公新書、一九八九年)。

ホイアン国際会議

当時、日本はバブルの絶頂期、ドイモイ後のベトナムは、外国投資法を改正して、日本企業のベトナム進出を期待する。しかし、八〇年代末、ベトナムの経済混乱を恐れて、日本企業の進出はもう一つぱっとしない。そんなとき、ホイアンの話を持ち出した。日本人は外国での日本人のプレゼンスが大好きだ。きっと日本が乗ってくる。

日本町はその長いホイアン港史の中の一エピソードにすぎない(拙編『もっと知りたいベトナム』弘文堂、一九八九年、四五頁)。ベトナム史が日本の銭に媚びている。いやな気がした。日本の名だたる研究者が多数ホイアン会議に出席する。ベトナム進出をもくろむ企業が企画に大金を寄付する。現地大使館がまたとない日越文化事業だと張り切りだす。ちょっと待てよ、と言える雰囲気ではない。

結局、私だけがいい顔をしなかった。ふてくされた。会議には行く気も起こらなかった。ところがホイアン会議の日本代表団団長を引き受けられていた山本達郎先生が、病のためにベトナム渡航を断念された。やむをえず、私はふてくされたまま、ベトナムに渡った。会議中、ホイアン会議の意図に異議を唱え続けた。なぜタイやインドネシアの研究者がいないのか。オランダや英米仏の研究者だけがいるのか。中国との関係はどこに行ったのか。私も若かった。おかげで、八〇年代、海域の歴史を叫んでいるほとんど唯一の歴史研究者（たとえば『東南アジア世界の形成』講談社、一九八五年。「東南アジアの近世」『日本の近世二』中央公論社、一九九一年）を自認していた私は、当のホイアンの研究からほうりだされた。

私の不平不満はともかく、ホイアンの学会は成功裡に終わった（日本ベトナム研究者会議『海のシルクロードとベトナム——ホイアン国際シンポジウム』穂高書店、一九九三年）。ホイアン研究はその後、昭和女子大学を中心に建築、考古などで長期にわたる国際研究が続いている（昭和女子大学国際文化研究所紀要 Vol.4『ベトナムの日本町　ホイアンの考古学調査』一九九八年）。多くの日本人研究者が初めてこの国を訪問し、多くの知己を得た。外国人がなにを発表しようとも目

16

くじらたてる学者も減った。公安は常時、会議を監視していたが、干渉することはなかった。そして、なによりも、この会議以降、ベトナム調査の幾分かが解禁された。ベトナム政府のもくろみにどれほどの意味があったかは知らないが、日越学術交流はまちがいなく、これ以後、新しい段階に入る。

私にとってホイアン会議の最大の収穫は、ファンフイレ先生が主宰する発足まもないハノイ大学（当時のハノイ総合大学、九四年以降ベトナム国家大学ハノイ校）ベトナム研究センター(3)に信頼されたことだ。この研究所の本来の目的は、ベトナムについて調査研究を求める外国人研究者に研究の便宜をはかることにあった。大学院生クラスを対象にしたベトナム語の研修コースも設置された。今まで関係のあった社会科学院は研究機関だから、日本の若い研究者の研修の便がない。ところがこのセンターもまたこれまで西側諸国の留学生を引き受けた経験がない。社会主義諸国同士では学費や寮費は免除だった。だから、相場がわからない。このとき経理をしていたのが、言語学のドアンティエントゥアット先生（当時ハノイ大学教授）で、二人でレッスンの謝金価格やら、寮の費用やら、食費やら、そのほかいろいろの談合をした。二十数年経た現在もこのときの談合が基準になっていると聞く。

大山がひとたび鳴動を始めれば、なかなかに鼠一匹ではすまない。旧文部省にはアジア諸国留学生制度という世界に誇る制度があった。数名の院生をアジア各地に二年間送り出す。なんのオブリゲーションもない。自由に勉学させる。この制度から数多くのアジア研究者が輩出した。しかし、ベトナムなどインドシナ三国は、戦乱を理由にこの制度の埒外だった。(4)

それが一九九三年からインドシナ三国もこの制度の対象になった。第一期、喜び勇んでハノイに渡ったのが岩井美佐紀氏（社会学、現神田外大教授）、大野美紀子氏（歴史学、現京大助教）、松尾信之氏（歴史学、現名古屋商科大学教授）が続く。(5) 受け入れは留学生ベトナム研究センターだ。指定の寄宿舎以外には許されなかった宿舎も、民間の下宿が可能になった。寄宿舎も新築になって、まあ民間アパート並に整備された。留学生制度の整備を待って、ベトナム研究は飛躍的にのびあがる。

文献資料の整備も進んだ。八〇年代には未整理を理由に、漢文チューノム研究所が所蔵する膨大な漢籍資料は公開禁止だったが、ホイアン会議前後から所定の手続きをとれば閲覧可能になった。折から資料革命カクマンタイリエウが進行中だ。社会主義華やかなりしころ、歴史学はじめ諸社会科学はデータよりもイデオロギーが優先された。ドイモイ後は経済面での自由化が標榜されるが、実は学問の自由化も著しかった。科学にもっとも重要なものはデータであると、初めて公然と言うことができた。前植民地期の不動産簿、家系伝承、碑文類など新しい歴史データが大量に紹介された（拙稿「ベトナムにおいて新たに公開された漢籍資料について」『東方学』八八、一九九四年、一五八―一六四頁)。なによりも国家文書館のフランス時代の公文書の閲覧が可能になった。やっとベトナム研究も、文献調査でタイなど他のアジア研究と肩を並べることができるようになった。

外国人の旅行制限も、もちろん公的機関のカウンターパートは必要だが、次第に緩やかなものに変わった。一九九〇年の一二月、私はホイアンを再訪した。このときはファンフイレ先生の愛弟子、ヴーミンザン先生(当時助教授、現在ベトナム国家大学副学長)が、サーフィンの時代、チャムの港の時代、華人の町の時代、日本人のいた時代、一八世紀の町並と、ホイアンのそれぞれの時代の遺跡、遺物を案内してくれた。このときは豪雨の中をミソンの山に登り、林邑の都チャキエウを巡り、それからメコンデルタに出て、念願のオケオの遺蹟を見た。自慢をすれば、重枝豊氏(建築史、当時日大助手)がミソンを、山形真理子氏(考古学、当時東大院生)がサーフィンや林邑の遺跡群を、平野裕子氏(考古学、当時上智大院生)がオケオを本格的に発掘調査するずっと前のことだ。

にもかかわらず村落調査はなかなかに進まなかった。私は既に一九八六年から社会科学院に対し、長期、住み込み、自由な聞き取りを前提とする本格的な村落調査を申し込んでいたが、もちろん同意、賛成などと言われながら、結果的には握りつぶされた。(6)

ところが一九九三年春、事態が大きく変わった。外国人の国内旅行が軍事施設を除いて

16

原則自由になったのだ。それまではハノイの内城地区を出るだけで内務省の許可が必要だったのだから天変地異の大変化だ。この情報が伝わるや、我々ベトナム地域研究を模索していたメンバーは、その年の夏にベトナム研究センターの全面的な協力のもと、紅河・メコンデルタの広域調査に乗り出した。この年の広域調査は、明年つまり二〇〇四年以降の調査する村落選定の旅である。このとき四八歳、これまであたためてきた調査方法案のすべてをこの調査に投入する。京大を去り、東大に移ってからのもやもやが吹っ飛んだ。こうして総合的村落研究バックコック計画が始まった。

【註】

(1)一九三三年から一九三八年まで『少年倶楽部』に連載された島田啓三の冒険漫画。熱帯の島に漂着した日本少年が住民「蛮公」のリーダーになる。のらくろと並んで戦前の代表的な漫画。南進ブームをあおったとされる。日本人の南方蔑視を助長した。

(2)マレー半島での日本軍の諜報活動に従事した谷豊が、軍によってマレーのハリマオ(虎)と呼ばれ、英雄として持ち上げられた。国策映画は『マライの虎』(一九四三年、大映、監督古賀聖人)。なお戦後も漫画や映画で何度も取り上げられている。

(3)一九八九年設立。現在のベトナム国家大学付置ベトナム学・発展科学研究所。

(4)八〇年代後半、ようやくほんの一人二人のベトナム語習得に限っての留学が認められ始めた。留学艱難辛苦の末に、ベトナム側のドアをこじ開け、私費で渡越し、寄宿舎のひどい生活、一部教員のたかりに悲鳴をあげながら、留学を続けなければならなかった。たとえば桃木至朗氏(歴史学、現大阪大学教授)、栗原浩英氏(国際関係、現東京外大教授)、八尾隆生(歴史学、現広島大学教授)、嶋尾稔氏(歴史学、現慶大教授)などの面々だ。この世代が苦しみながら、ベトナム研究と学生、院生が留学する道を切り開いてくれた。頭が下がる。

(5)やや遅れてカンボジア留学の第一期が北川香子氏(現東大助教)であり、ラオス留学の第一期が鈴木玲子氏(現東外大教授)である。インドネシア研究全体が一九九〇年代初めに大きな画期を迎える。

(6)岩井美佐紀氏が一九九二年頃にベトナム研究センターの世話で、バクニン省のチャンリエット村に調査に入ったが、これが最初の本格的な調査だろう。

17

一目見て好きになるかどうか。「一目見て」とは、感性で一瞬のうちに全体を理解することだ。地域把握の第一歩は一目惚れだ。

一目惚れ

私たちの世代がうみだした日本地域学を、アジアの地域に住んでいる日本人に知ってもらいたい。申し訳ないほどに長く続くこの連載の最大の目的だ。

一九九三年、夢にまで見たベトナムの村落調査が解禁になった。その調査を私が思い描く理想的な地域学調査として展開しようと思った。地域学の目的は地域の個性つまり「地域性」を発見することだ。地域には地域の個性がある。その個性は地域全体で表現されるものだ。たとえばタイの地域性を「なんでもないよ《マイペンライ》」だとする。ここで言うマイペンライは、洪水を前に手の打ちようがないデルタの大自然の中、首切られた貧しい庶民の生活の中、党派武力対立の緊張の中、あらゆる人間の生活全体の中に通底するタイ人の諦観だとしよう。マイペンライは、政治でも社会でも経済でも、タイ理解のためのキーワードとしてよくあらわれる。しかし、それぞれのディシプリン、つまり政治学や社会学、経済学で地域の研究をきわめても、行き着ける概念ではない。

地域性は一つの専門だけで理解できることではない。私の地域学では、一つの専門からだけ地域を見ようとはしない。なによりも全体として地域を理解する。というと、一人の人間があらゆる専門を理解し、それを統合するのは不可能だと非難される。それぞれの専門ごとの分析結果を総合した結論が全体ではない。全体は有機的な化合構造物であって、組み立てられるものではない。マイペンライは、タイを見たその最初の瞬間、たとえば空港の入国審査であり、タクシードライバーであり、あるいは安ホテルのフロントで認識するものだ。地域性の認識過程は、恋愛に似ている。たとえば、異性を分析して見栄え（環境学）がどう、収入（経済学）がどう、思想（政治学）がどう、社会環境（社会学／人類学）がどう、履歴（歴史）がどうなどと評価し、結果として好きになる、嫌いになるということはない。こんな分析で好き嫌いを「決める」人間は、社会ではあまり信用されない。一目見て好きになるかどうか。おおむね恋愛の成否は、これで決まる。「一目見て」とは、感性で一瞬のうちに全体を理解することだ。地域把握の第一歩は一目惚れだ。

衆愚を集めて

ところが、「タイ、それはマイペンライだよ。マイペンライは説明不可能だよ」などとすまして言ってすむのは、どこの地域にもいるゴロだけだ。もっとも最近は、ゴロと変わらない大学教授が激増しているが。ところが私たち地域専門家は、「地域の理解」で飯を食っている。つまりはプロだ。マイペンライとはなんであって、どんな状況のときに出現するかを、共有する論理で説明しなければならない。論理は情報を伝達する手段だ。ここで研究が始まる。もはや一つしか専門を持たない個人だけではできない。つまりは一目惚れした仲間たちを集合し、各種多量の情報を獲得し、地域性の認識のもとに並べ直し、「マイペンライとは、こういうものである」と、宣言しなければならない。これが地域学の論文だ。だから地域学者は、別の領域のオリジナル情報を獲得することはできないが、別領域の情報が理解できる能力が必要だ。

一つの領域でてっぺんに立つのは、ものすごく難しい。なによりもてっぺんは一つしかない。一人以外すべてが二流というのは公平ではない。ところが地域学では全員が「部分」

を預かる。その「部分」が抜ければ、全体を論理的に表現することはできない。全員が「部分」だが、それは欠くことのできない部分だ。だから地域学プロジェクトの参加者は、専門では一流ではないかもしれないが、地域の理解では誰よりも一流だ。

潮はかないぬ

だから地域学は、既存の学問とは多くの点で異なる。全体を把握し、それを表現するためのさまざまな概念をうみだしてきた。この連載で紹介してきた文化と文明論、地域と世界論、情報と教養論などだ。調査方法も無我夢中の中から次第にスタイルができてきた。なによりも、地域調査を担うに足る多くの若いベトナムに強い関心を持つ専門研究者たちのグループができた。本番のベトナム村落調査の志を立ててから約三〇年、あまりにも長く待たされたが、そのすべてが無駄ではなかった。

一九九三年夏、潮が満ちた。まだまだ統制時代の貧しさが色濃いハノイの朝、私と歴史学者、社会学者、文化人類学者など一〇人ほどのグループがポンコツのチェコ製ミニバスに乗って西に向かった。調査地選定の旅だ。デルタの北を回り、三川合流の大低湿地を横切り、紅河の自然堤防の村々を観察し、さらに紅河の左岸堤防を南に下って河口に出る…。内務省の許可のいらない自由な旅だ。

バックコックの発見

ハノイより紅河を南に九〇キロ、ナムディン市がある。当時人口四〇万。往年は東洋最大と言われたナムディン織布工場が置かれ、総従業員数四万と言われた。この時期には、遺蹟に近い。ここから分流ナムディン川に沿ってさらに南に下る。このあたりにバックコック百穀社というムラがあるはずだ。そのムラの一九世紀初めの古い村落土地台帳の分析をしたことがある。同行のヴーミンザン先生（当時ハノイ大学ベトナム研究所助教授）に話した。助手

バックコック第1次調査団（1994）とコクタイン合作社幹部、後は合作社会議室。前より3列目中央が筆者、左・ヴーミンザン教授、右端・岩井美佐紀神田外大准教授、2列目右端・柳澤雅之京大准教授、1列目右端・菊池陽子東外大准教授、左端より3人目嶋尾稔慶大教授（肩書は現在）

が車を停めて聞いてまわった。旧バックコック、現在はタインロイという行政村の一部になっている。堤防下、広がる水田の中、一キロほど先に深い森が見える。あれがバックコックだ。農夫が教えてくれた。そろそろ休憩の時でもある。みな車から下りて、自由行動ということになった。もう土地の公安に挨拶する必要はないのだ。文化人類学者の末成道男先生（当時東大教授）以下、嶋尾稔（現慶應義塾大学教授）、八尾隆生（現広島大学教授）らはいましばし止める間もあろうことか、一目散に中央の森に駆け出す。長年の秘境、デルタのベトナム村落が目の前にある。感動が胸を突く。三、四〇分たった頃か、ムラに向かった仲間たちが、屈強なムラの青年たちに追い立てられて悄然として帰ってくる。ザン先生が主だった男と話し合っている。つまり、こうだ。中央で外国人の国内旅行を自由にしようとしまいと、このムラは与かり知らぬ。ムラに立ち入りたければ、それなりの挨拶が必要だろう。ハノイ大学のエリート教官が、貧しい農夫たちに追及されている。このとき、私は調査の地をここバックコックに決めた。

その頃、欧米のベトナム研究者は、ドイモイにより導入された市場経済の前にベトナムの社会主義的村落はトランスフォーム（変形）すると考えていた。冷戦が終わり、湾岸戦争が終わった。世界中がアメリカ資本主義の勝利に沸き立っている。バブル以後、アジア市場を模索する日本では、「変貌するベトナム」、そんな主題の本が並ぶ。プロはアマがはしゃぐと難癖をつけるものだ。投資を呼び込もうとするベトナム政府の売りに乗った、この変形、変貌キャンペーンに、私は渋面を作っていた。変わる、変わるといってもなにから変わるのか、ベースになるベトナム社会の研究がない。軽薄な市民は変わるかも知れない。しかし、変わるための原資もモティーフが農民たちにあるとは思えない。前近代から通底するベトナムらしさは、環境によって作られている。政策の変化などで容易に変貌するわけがない。だから、中央政府の施策など、通達の来ないかぎり存じよらないと言い放つこの農民たちに一目惚れした。

お見合い

翌一九九四年、正式な調査許可を得て、第一次バックコック調査隊日本人一七名がハノイに参集した。特に農学者の柳澤雅之（現京大准教授）氏に参加してもらった。それまでタイの農業専門家だった柳澤氏は、このときバックコックの田地を歩き回るうちに、すっかりバックコックに惚れ込み、結果的にベトナム農業の専門家になってしまった。地域に惚れるとはそういうことだ。

去年と同じように、チェコ製ポンコツバスで旧バックコックの属するコクタイン合作社を訪れる。平屋、煉瓦作りの小さく狭い合作社の会議室に招じ入れられた。参加メンバーの紹介に続いて、調査目的の説明。ベトナム社会を知りたい。この一点だけを主張する。真剣なお見合いだ。こちらはこれからの受け入れを承諾してもらいたい。頬をこう張らせ、せいいっぱい礼儀正しく振る舞う。村人たちは、突然ふってわいた日本人の一団に面食らっている。肩をいからせ、こちらをにらみつける。こっちが先に惚れたのだから弱みがある。相手に惚れさせなければ、恋は成就せぬ。

ひとわたり話がすんでからは、雨の中、ムラの小道を歩き回る。柳澤氏は早速、裸足で水田の中に飛び込む。歴史学者の一団はずぶずぶに濡れながら野良にたたずむ碑文を読む。肉体と知力の限りを使う様を、農民たちに見せつける。一方、ベトナム語が達者な仲間には、なるべく会話をしないように頼む。あとさき後先考えないつぶやきがもとで、あらぬ疑心を生じさせ、ムラから追い出されではかなわない。共産党批判やキリスト教の話は特に厳禁。

17 雨雨降れ降れ

私の計画では最初の二年間は、基礎調査《ベーシックリサーチ》にあてられる。基礎調査とは人々が生きている枠の研究だ。測量は、人々の生活地理の研究だ。基礎調査の一丁目一番地だ。簡易三角測量で町測りをして、五〇〇分の一の地図を作る。測量しながら、家々のたたずまい、庭木の色合い、ムラの景観を頭にたたき込む。超短期間に村人と同じ目線を共有する。結局、バックコック全村の詳細地図を作るのに、これから七年もかかった。

ベトナムの夏は猛烈に蒸し暑い。重い機材を運び、泥道で水平をとる。測量は重労働だ。雨の中、ずぶ濡れになりながら木陰で休んでいたら、監視に来ていた合作社の幹部の一人が、私にそっとつぶやいた。「ベトナムの教授には、こんなことは金輪際できないな」。奴ら、わしらに惚れたな。雨雨降れ降れ降れ。

バックコックの家並みを測量中の筆者。このような土壁草屋根の家はいまほとんどない

18

ベトナムの社会主義とは、狭い土地、過剰な人口、長い村落の歴史と経験が生み出した農民文化だと考えている。それが勤勉で安定的なベトナム社会の基礎だ。

胸突き八丁

昨日、初春の京都を訪れ、二〇一〇年二月に亡くなった石井米雄先生の墓参をすませた。いろいろなご報告がある。私が健康に仕事を続けていること、ここ一年ほどの仕事の報告だ。私には市街をはさんではるかに叡山を見渡す嵯峨野の墓石の上に、浴衣を着て座っている先生のお姿が見える。「桜井君、来たか」、いっぱいに笑みを浮かべた先生のお顔が見える。私は人生の至るところで先生に助けられた。いつも先生は、今が胸突き八丁だ、この坂を越えなさい、と言っていた。人生のさがに「徒労」はない。それが先生の信念だ。

九五年夏、一二三名の日本人研究者がバックコックに集まった。それぞれ五班に分かれ、バックコックムラのほぼ中央にあるソムA集落一四〇家族数百人に面接して、生活に関わるあらゆるデータを収集した。「あらゆる」という意味は大きい。家族成員すべての学歴、職歴はもちろん、当主が一日に何本タバコを吸うか、同居老人が飲む漢方薬の額まで、思いつくかぎり生活の要素をデータ化した。データ総数（無回答を含む）は二〇万を超し、毎夜の打ち込みの結果、膨大なエクセルテーブルができあがった。私たちの考えでは、詳細な測量結果と生活環境のデータ、つまり生存環境の枠組みがあって、初めてその環境の中での個々の生活対応がわかる。九五年調査の終わった九六年、この枠組みの中ですべての専門的研究が始まる。三四名の日本人が集まった。土壌、運河、排水システム、作付け、合作社、そして考古学から現在にまで及ぶ各段階の歴史研究、さまざまな特殊なテーマが専門研究者によって究明されだした。

小が大を食う

紅河デルタの小さなムラに、膨大な資金と人員、なによりも時間を注ぎ込んでなにになるか。実際、調査開始以来、二〇年に及ぶバックコック調査は、学界同業諸君に事実上、

18

無視され続けて今日に至っている。口先では一つの細かい事実を極めなければ大きなことは言えないのだよとか、大海は潮水の一滴一滴からなるなどと格好いいことを言っている。しかし、実際の歴史学界では、日進月歩、アジア域内交易論やら、環境史やら、次々と打ち出される世界大的新理論がときめく。村落史、村落研究など、路傍の小石だ。実は意気揚々とバックコック研究に邁進する私自身が、もしかしたら人生最後のプロジェクトが、名もない農村研究でいいのか、不安におののいている。まだまだ四〇代後半、一発あてたいという気持ちがないではない。さまざまな雑念が、バックコックの農民たちの友情に押し流されるのはもっと先のことだ。

「小が大を食う」そんな道はないものか。石井先生はそれは比較だと言う。他地域の他村落との比較が、バックコックとはなにかを考えさせる。バックコックを相対化することができて、初めてバックコックは世界史のレベルに乗れる。ベトナムに行けなかったために、長く東南アジア全域、アジアの広大な地域を彷徨していた桜井にしかできない作業だ。石井先生はそう考えられた。

動くムラ

バックコックをまず東南アジア大陸部の村落の中に位置づける。二つのプロジェクトが走った。北部山地タイ族研究の加藤久美子さん（当時名大助教授）が主宰する東北タイの村落移動研究だ。一九九四年春から一九九七年までバックコック研究と平行して東北タイ、ヤソートーン県マハーチャナチャイ郡の四〇村落で、村落史の聞き取り調査が始まった。東北タイのムラといえば、バックコックプロジェクトの大先輩、模範と言ってもいい福井捷朗先生が数年間の努力の末、「よい田を探す《ハー・ナー・ディー》」という東北タイ理解のパスワードを見つけ出した。二〇〇年ほど前、南ラオス方面からラオ人たちが、ムン河づたいに移住してきて、ウボン県、シーサケート県にムラを建てた。ここからチー河方面に子ムラが広がり続ける。三〇年くらい前、マハーチャナチャイ郡の諸ムラのほとんどが成立した。東北タイのムラムラは、いい田を見つけ、いい生活を見つけるために動き続ける。およそムラとは何百年も居座って変わらないと思っているベトナムの研究者には大きな驚きだ。私たちはムラに残る移動伝承を集め、その母ムラを訪ね、その祖母ムラを訪れては、ムン河の岸辺を往来した。動き回るムラがあるのだ。

広がるムラ

もう一つは社会学の岩井美佐紀や歴史学の大野美紀子が切り開いたメコンデルタ、カインハウムラの村落調査だ。カインハウムラはホーチミンから西南に四〇キロほど国道一号を下ったところにある。一九六〇年代、文化人類学のジェラルド・ヒッキーが調査して*Village in Vietnam*という本を書いた。あの頃、私たちは唯一のまっとうな調査報告と信じて、むさぼるように読んだ。今度の計画は三〇年後にこのムラを調査して、革命後の村落変化を知る。最初は、ただルーズと言われる南のムラの実態を知りたい程度だった。

ムラの最高の実力者、社主席にムラを案内してもらう。ところが、村人は挨拶一つしない。ムラ結合がゆるいというのはこういうことか。だれでもがあいさつをかわすバックコックとはえらい違いだ。

ここでは早くも八〇年代末に合作社が解体した。このとき合作社の共有水田は、合作社成立前の、つまり格差社会のときの土地所有に準拠して配分された。村落社会は中農と、土地を持たない農民層に分化した。土地なし農民の多くは都会に出て行って都市の底辺の階層を作り出した。そこまでは近代化による農民層分解の典型的な例としてすましてしまうことができる。しかしカインハウムラでは、はるかカンボジア国境に大きな分村を開き、都会にも生きたがらない土地なし農民たちが大量に移住している。

　ムラの東脇を流れる河をさかのぼって、カンボジア国境の大低湿地に進んだ。カインハウムラの子ムラ、カインフンムラがある。企画された開拓農家の家々がぎっしりと並ぶ。神社もなく、寺もない。低い自然堤防の上にバラックが建ち並ぶ。草屋根によしずを張っただけのような家がある。捨て育ちのような稲作で、それでもヘクタール四〜五トン、年に三度収穫がある。働き手だけが、新ムラに来て、収穫期に米を抱えて母ムラに戻り、米を現金に替える。ほとんどの年月を、とても暮らしとは言えない飯場のような環境で、孤独に暮らす。博打と酒場だけのバラックの街ができあがる。

カンボジア大平原の測量（1996年）。カインハウ村落調査の余暇にカンボジアへ出張し、ウボン城址の測量をした。もっとも好きな自分写真だ。

ムラが違うというより、ムラそのものが無機的な空間だけしかない。メコンデルタのムラは動くのだ。動くムラではムラの構造など、変わらないものとして、いくら分析しても意味がない。動く、変わる、つまり動的な構造として理解しなければなるまい。ルーズだ、タイトだ、大伝統だ、小伝統だ、都鄙関係だなどという議論がすっ飛んだ。

土着社会主義

ふりかえってバックコックを考える。バックコックでは土地所有は驚くほど均質的だ。中国社会主義まる写しのような合作社の集団所有、集団労働は、一九八一年に解体し、家族経営が復活した。その後、何度も何度も土地は合作社社員（ほぼ一〇〇％の農民が参加している）の家族の成員一人一人に面積、土地条件とも平等に分けられた。一九九三年では一家平均で二〇〇〇平米ほどの水田と二〇〇平米ほどの畑が分けられた。二〇〇三年にも再び修正がなされた。その均質さへの追及は執拗をきわめる。そしてこの伝統は、はるかに五〇〇年前に始まる公田制度といわれる伝統的な村落共有田均分制度にはじまる。つまり、共産党が指導した合作社のはるか以前からある制度なのだ。そして、老人たちは現在のこの土地均分を、公田制度の現代版と理解している。

そこには土地を個人の所有ではなく、ムラから与けられた土地という意味で集団所有の概念があり、助け合いという意味で集団労働がある。ソ連のコルホーズや中国の合作社、人民公社、さらにはマルクス主義とは関係がない、いわば土着的な社会主義がある。

大戦の最後の年の一九四五年、北部ベトナムを大飢饉が襲う。数百万の農民が餓死した。バックコックでこの悲劇の聞き取りをしていると、わかることがある。土地なし農民家族の死亡率はひどく高いのである。ムラの土地をほんのわずかでも分割給付された村民の家ではほとんど死んでいない。土地は命だという農民は、世界に多いだろうが、ベトナムではまさに生命そのも

ゴアン村長との抱擁（1998 年）。台風が来ない年はあっても、桜井教授が来ない年はないといわれたころ。

のだ。できるだけムラの土地を多くの人に分ける。それが生き残る道だ。すごい歴史経験を得ている。

私はベトナムの社会主義とは、狭い土地、過剰な人口、長い村落の歴史と経験が生み出した農民文化だと考えている。それが勤勉で安定的なベトナム社会の基礎だ。ところが、これは欧米の研究者にはまったく受けられない。村落社会は共産党が作り出したようなことを言うし、土地はどんどん私有化して、零細な農民は土地を売り払って都市に集まれなどと、ひどいことを言う。農民にはどんなに小さい土地でも、土地を失うことは本能的な恐怖である。しかし、彼らには理解できない。ついには土着社会主義を標榜する私など、旧弊なマルクス主義者とまわりの研究者に思われる。ところが日本人である私には、ベトナム農民の心性がよくわかる。学問はなんでもアメリカのまねをすればいいものではない。

二つの農業

土着社会主義は、飢えないための制度だ。とてつもなく米に執着する。一家族あたり年に二トン近い米がとれる。ところがその米は売りに出さない。一家で食べる。米は飢え死にしないためにある。だから米作りは一家の主、男の仕事だ。私はこの米作りの経済を「食べるための経済」と呼んでいる。これは自給経済ではない。野菜売り、売豚で市場から得た現金を、化学肥料購入に、本田耕起、田植えや収穫のときの賃金に惜しげもなく投入する。市場経済の利益があって、初めて食べるための米作りができるのだ。経済的には非効率な話だが、「食べるための経済」が必死に維持される。八一年以降の合作社は、この食べるための経済を支える組織だ。

稼ぐための経済

もう一つ、バックコックの女性たちは寝る間も惜しんで、野菜を植え、ナムディンの市場で売る。わずか一日数十円の売り上げだが、チリも積もれば山。極端な現金不足に苦しむ農家には大きい。男たちは子豚を買ってきて育てて、市場で売る。これは数千円単位の大きな仕事だ。電機製品や冠婚葬祭など大金の出費を賄う。私はこれを「(現金を)稼ぐための経済」と呼んでいる。バックコックの農民たちは、食べるための経済、公の経済活動を底辺に、稼ぐための経済、私の経済活動を展開している。

ところが、年々歳々、農家の現金支出が大きく膨れあがる。「稼ぐための経済」が圧倒的な勢いで、農民家計に入り込む。経済文化は風前の灯火だ。バックコックの研究は、この頃から一九年も続いている。そのあきれられるほどに長い研究は、結局、この二つの経済活動が、一九九〇年以降の高度成長の中にどのように変質していくのかの研究になってしまった。

次章は言ってみれば、かような「社会主義思想」を持った私が、その対局にあるＪＩＣＡの研究プロジェクトの中で、なにを考えたかを考える。

19

私は重大なミスをしてしまった。現在は瞬間的に過去になる。その「かつての現在」の積み重ねが「新しい現在」を作っていることを無視した。

本の水にあらず

バンコクの京都大学連絡事務所で、この文章を書いている。一九七八年、今と同じ連絡事務所をあずかった（7参照）。そのときはソイアソーク角の海産料理の大ネオン塔が、ソイ5あたりから遠望できた。ソイカウボーイは小さなゴーゴーバーが一軒、土間に屋台で使うパイプ椅子が客を待っていた。その後、ほとんど毎年、バンコクを訪問している。来訪するたびに、バンコクは変わる。見渡すかぎりの高層ビル、高速道路、モノレール、そして地下鉄。町並みが変わる。世代ごとに生活、価値観や考え方が変わる。政治も経済も社会もどんどん変わる。バンコクだけではない。ジャカルタ、マニラ、ハノイ、有史以来の大変化がこの数十年のアジアに起こっている。ガイドブックはアジアの「悠久」とか、「癒し」とかを繰り返す。実は今一番落ち着かないのはアジアの街まちだろう。

とどまっているものはなにもない。動いているものは、一瞬前のものとは違う。地域学者は肝に銘ずべきだ。「東南アジアとはなにか?」ではなく、「東南アジアはどう変わり、どう変わるのか?」、動き方こそが地域の特色、つまり地域性であり、動きの意味を探ることが地域学のすべてである。今はこんなことを学生に言う。しかし、これが納得できるようになったのは、古い話ではない。

知的支援

一九九四年、ベトナムブームの真っ最中に、JICAが突然「知的支援」という「ハコモノJICA」のイメージには似合わない言葉を言い出した。当時、無駄が多く賄賂政治の温床になりがちで、批判の多かったハコモノ支援だけではなく、知的技術の移転を支援の対象にしよう。その第一号がベトナム・プロジェクト（通称石川プロジェクト）だ。現地の政府系研究機関と協力して、その国の経済の実態を調査し、正しい経済発展の道筋を提言する。総師は開発経済学の泰斗石川滋教授（当時一橋大学名誉教授、青山学院大学教授）、第一級の若手経済学者が集められた。どういうわけか、私も呼ばれた。

石川先生

ほとんどの地域学は、「古きよき」ものが大好きだ。地域学は地域の個性を追求する学だから、経済発展論のような万人、万物にとっての普遍的真実をめざす学問はどうも苦手だ。経済学の方も、ほこりだらけの歴史学、奇習珍俗の人類学など、もろもろの虚学はいらないものと考えるのが普通だ。そこへ虚学信奉者である私が招じられた。

私はいろいろな運に恵まれたが、その中でも抜群の運は、師運のよさだろう。石川教授はその頃八〇歳、矍鑠《かくしゃく》さと上品さを兼ね備える。開発経済学のトップで、日本の援助政策、理論の国際的な顔だ。超一流の業績、経歴にもかかわらず、銀髪の下に温顔を絶やさない。誠実さと真摯さが結晶した大紳士だ。その風貌と人格は時の共産党書記長ドムオイを魅了し、書記長は先生の熱烈なファンになった。それは先生のお仕事が学問研究のためでも、一身の利益や名誉のためでもなく、ひたすらベトナム人民の生活のためにあったからだ。

その無双の大先生が私をものすごく可愛がってくれた。六年間のプロジェクトの間、たくさんの専門家が去来したが、私一人は最初から最後までおそばにいることができた。同僚の原洋之介教授（農業経済学、当時東大教授）によると、先年、先生は愛息を病気で亡くされた。先生の愛息と私が同い年だったからだと教えてくれた。もちろん、そんな感傷が私を石川プロジェクトに引き入れたわけではない。先生はもちろんベトナムの経済発展をプロジェクトの目標としたが、凡百の経済学者ではない。「現地の事情」を理解されようとする。「桜井君はあまりに会議に出てこないようだが、私はあなたの研究はこのプロジェクトに決定的に重要だと思っている。それは現地の問題を理解し、現地の要求を理解しているのはあなただけだからだ」などとのたまわれると、うれしさやら恥ずかしさやら、赤面してしまう。先生はまた「桜井君のバックコック研究には頭が下がります」とそれこそ深々と頭を下げておっしゃる。日本でのバックコック研究の理解者はそれこそ数えるほどだが、その中に恩師山本達郎先生、石井米雄先生、そして石川滋先生がおられることは、私の限りない名誉だ。

赤面、赤面、また赤面

ただし、先生にとっては現地の事情は「乗り越えられるべき」であり、私には「守るべき」

だった。だから、私はよく、リーダーの石川滋教授と衝突した。たとえば、先生がどこの国でも経済発展の中ではモラルハザードが大問題だとおっしゃる。もちろん外国の資金提供者と、現地の事業経営者間の情報トラブルか、援助慣れによる事業精神の麻痺を問題にしたものだ。ところが私は、「いや先生、この石川計画そのものが、モラルハザードの渦中にあるのですよ。援助資金は省では鉛筆ですが、幹部では私用車に変わっています」などと反論する。ひどいもので、その時はモラルバザードの意味を知らず、「倫理弛緩」とか「倫理崩壊」のことと誤解して、批判していたのだ。

ムラは変わらず

その頃はバックコック研究（前章参照）の真っ最中にいた。私はベトナムの村落社会は容易には変わらないと思っていた。フランスにも社会主義にも変わらなかったベトナム農村社会が、市場化ごときで変わってたまるか。

ベトナム農民の極度の貧困を前にした経済学者は、農業農村の市場化を進めるために、農業多角化を強く推奨する。そこまではいい。その頃の北部農村は、「食べるための経済」（前章参照）のおかげで、食べることには不自由しなくなったが、税金やら教育費やら、新しい現金支出の拡大に泣いている。農村の人々の現金収入の拡大は農業の多角化、市場化によるしかない。現にバックコックの最大の現金収入のもとは多種多様な野菜と豚だ。

しかし、農民を専業農民と離農者に分断し、農村社会を市場化する、つまりはムラを破壊するという議論には承伏できない。ベトナム農民へのムラへの思いが、たとえ市場化の発展といえども、ムラを分断、崩壊させない。土地への思いが、土地の容易な売買を許さない。ほかの社会に起こったことが、過酷な自然条件と特異な歴史経験を共有するベトナム農民に起こるとは限らない。農村社会の結合が現在のベトナム社会の安定を担保しているのだ。ムラは無形の資本だ。私はそう主張し続けた。

ベトナム人の反応は二つに割れる。近代経済学に目覚めたばかりの少壮の経済学者は、農民社会の近代化、市場化を主張し、トゥアン先生のように土地に両足をつけた学者は私の意見に賛成する、どれだけ、ベトナムの若手経済学者に「君たちはベトナムを知らない」などと過激な言葉を吐いたことか。当の石川先生は私のはしゃぎをどう見ていたのだろうか。とうとう馘首には至らなかった。先生は先生なりに理解していたのだろうと思う。

その頃はベトナムブームの真っ最中で、複数の省や外郭団体の委員会に出席することが多かった。財務省の委員会だったか、商社の代表がハノイやハイフォン近郊の日本主導の工業団地建設について語ったことがあった。私はどれにも否定的だった。ベトナムのインフラは極端に悪い。電気、上下水どころか、低湿地の地盤は洪水に危険きわまりない。そのすべてを工業区がカバーしようとすれば、初期投資がものすごく、結果的に高額地代になり、外国企業はタイなど近隣に逃避する。などと、絶望的な話ばかりをした。時に一九九七年の通貨危機の最中、私の発言には説得力がある。実際、当時のハノイもハイフォンも日本の建設した工業団地には入居者がなく、ぺんぺん草が生えるだけだった。

投資さえ増えれば社会と人間が変わると豪語する開発経済学者や実務家を、地域についてなにも知らぬ、ベトナムはそんな甘いものじゃないとせせら笑っていた。かつて、ベトナム通にならぬと自らを戒めたことを見失っていた。その考えのすべてが間違ってい

1999 年、JICA のパーティでダオテトゥアン先生と男性用アオザイを着た筆者

た。ベトナムはその底の底で大きく動いていた。

受動者たちの歴史

その間にも、バックコック調査は続いている。一九九六年までに基礎調査は終了した。一九九六年からベトナム語が堪能な参加メンバーは、膨大な基礎調査の枠に従って、それぞれ自分のテーマごとの研究を開始した。寺院、祖廟の研究、出稼ぎ状況、土壌調査、家屋、考古学調査、地層調査などなど。

私はもっぱら一九九五年の基礎調査段階のムラを作り上げてきた人々の個人史を追究した。六〇歳以上の老人を訪問する。一日に一人二時間ずつ、二〜三人の家を訪問する。重要な情報を語ってくれた家には複数回訪問する。一回の調査では三〇軒も回れれば御の字だが、毎年、毎年繰り返す。おおむね対象部落の男子老人の一〇〇%に面接し、バックコック全体でも五割以上のお年寄りに会えた。

これまで私が学んだ歴史は、積極的に関与した人々の記録で成り立つ。そこには歴史を動かすことへの夢や喜びがあり、歴史に裏切られたことへの挫折や絶望がある。これに対して、バックコックの大部分の老人たちにとって歴史とはひたすら一方的にのしかかり、生活を蹂躙していくものだ。突然、大戦が始まり、大飢饉が起こり、フランス軍がムラを焼き払い、革命が成就し、土地が分配され、今度は合作社に収納され、また分配される。どれもこれも受け身で語られる。私はこれを受動者の歴史と呼んだ。受動者の歴史経験は、歴史学で語られる歴史と大きくことなる。

しかし、私は重大なミスをしてしまった。過去の歴史が変化を繰り返したことはわかる。受動者の人生もこれに対応して動いている。受動者の人生の過程の最終結果が「現在」だと思い込んだ。あたりまえのことだが、現在は瞬間的に過去になる。その「かつての現在」の積み重ねが「新しい現在」を作っていることを無視した。いつのまにか、九〇年代はじめ、私が調査を開始した時期のバックコック社会を動かないもの、すべての歴史の帰結と思い込んでいた。なにもかも、本の水ではないのだ。

二〇〇〇年調査

二〇〇〇年調査の結果が出てきた。生活表面では一九九五年段階と大きな変化はないように見える。食事内容も被服内容も大きくは変わっていない。しかし、社会主義制度の解体とともに教育、医療費が激増している。冠婚葬祭が驚くほど豪華になってきている。すさまじい現金不足が人々を襲う。農業銀行や貧困銀行からの借金が増える。野菜、養豚、養牛、農業の多角化は、政策があろうがなかろうが、農民たちは必死に取り組んでいる。

浄水へのあこがれ、テレビについで電気釜など新しい電気製品への欲求、ベトンにタイルを張ったはやりの新築、なによりも子弟に高等教育を。満たされない現金需要が人々の心を焦らせる。それが二〇〇〇年の調査結果だ。それはベトナムの農民が大きく変化する大きなきざしだった。その頃の私にはそれが読めなかった。

二〇〇一年、あいかわらず「変わらないベトナム村落」という構図を自慢げにひっさげて、欧州アジア研究の中心、ライデン大学の講義に旅立った。

19

20

二〇〇二年八月末、ライデン大学の古式豊かな階段教室で四日間にわたるバックコック・シンポジウムが始まった。盛大な議論が噴出した。

大学解体

一九九〇年代、私はベトナムの小村バックコックの調査に明け暮れながら、「歴史地域学」を講義し続けた。ところが、九〇年代初めのバブルの崩壊が学問の世界に明治にも戦後にもなかった意味論的な変化をもたらした。長期化する不景気に社会が浮き足立った。市場化原理、競争原理が圧倒的に優越になった。さらに少子化による入学者激減の恐怖が、大学を縮みあがらせた。大学間の競争に敗れ閉校に追い込まれるのを恐怖した。

各大学は争って企業にならい、経営改革を模索した。つまりは非採算部門（非人気学科）

の閉鎖、リストラ、知名人の教授とハコモノを誇るだけの学生集めの宣伝が横行した。利益を求める競争原理は、事実の追究という学問の営為にもっとも似合わない。しかし、民間がリストラで血を流しているのだから、大学も血を流すべきだという論理にはなかなかに抗いがたい。そのうち、どういじくっても大学はこれ以上には悪くならない、だからどう改革しても意味があるなどという、2チャンネルのような議論がマスコミに広まった。私は専門とする地域学は世界に冠たる学問だと思っている。ところが、情けないことに、多くの中堅大学人が有効な反論をしないどころか、救い主のような顔をして「大学改革」の先頭に立ちだした。

九四年、大学の大学院化を叫ばれ、どこの大学でも生き残りのために大学院を設置し、この結果、入学定員を埋められず、大学院教育のレベルがダウンした。ひどいのは育英会の奨学金の返済制度だ。これに学費の値上げが加わる。私たちの時代、国立大学の月謝は一〇〇〇円、大学院は一五〇〇円だった。だから私のような貧家の子弟でも大学院に進めた。今ではたとえ優秀な学生が大学院に残って研究を続けたくとも、実家の経済状況によって、泣く泣くその志を捨てざるをえない。私たち教員もそんな学生を見るたびに爪を嚙んで泣いている。

極めつきは各大学での教養課程の廃止・縮小だ。まさに情報と教養の混同だ。工学部の教授は、学生にシェークスピアを読む暇があったら、技術英語を学んで欲しいという。私はシェークスピアを読んだことのない高級技術者が氾濫する社会はいやだなと思う。かくて、教養課程のない大学は教養のない学生を生み出す場になった。教養のない学生は結局、情報を自ら集積し、分析することができない。すべての学問が小さくなった。

学問解体

そこにCOE計画が始まる。大学が文科省に大学としての研究プロジェクトを申請し、各大学の申請と競争して勝てば、巨額の予算をもらう。審査はどこまでも個人ではなく大学のやる気を評価する。そのためには大学の研究者がこぞって尽力できるテーマが必要だ。しかし、大学はそういう単位ではない。人文社会系は個人の学問が基礎だ。大学全体、学部全体が関心を持つテーマなどありはしない。無理して作る。総花的で抽象的で、結果的に学問とほど遠いものができる。しかもCOEは予算を獲得したあと、細々とした文科省の要求に従わなければいけない。かくて、COEに関連する教員は奔命に疲れ、だれも読まない、学問的にも意味のないペーパーが量産される。

大学改革の中でひどい目にあったのは、ようやく生まれたばかりの『地域学』だ。その流れの中で、旧来の学問は自分の権益を守ることに必死になる。地域学の導入に発展の道を探ろうとした、さまざまな学問は、それぞれの御本家のタコつぼの中にもぐり込む。地理学、文化人類学、社会学、政治学そして歴史学、どれもがディシプリンの守りを堅くする。かくて、地域学はどこからも相手にされなくなった。

地域学の憂鬱

九〇年代の後半、地域学への寒風を強く感じた。有名なセクハラ事件、京大東南アジア研究センター所長であったY教授が秘書へのセクハラで人権擁護委員会に告発される事件が起こった。教授の京大辞任、敗訴、そしてまもなくの欧州での客死で、事件そのものは幕を閉じた。この事件のあと、ただでさえ出来星の学問のように思われていた東南アジア研究、地域学がなんとも胡散臭いものになった。大体が、やれ語学だ、調査だ、国際性だと、一人前になる前にむちゃくちゃに時間のかかる地域学者に、若いみそらで論文を書かせることに無理がある。一般に文科系の良い学者は大器晩成だが、その中でも地域学はきわめつきだ。ところが就職選考では、この年齢でこれだけの論文がある、偉い奴だということになる。まっとうな若い地域学者が容易に就職できる環境ではない。

ライデン国際会議

その頃、私も身に覚えのないセクハラ嫌疑をかけられだした。大学の委員会に告発がなされないまま、つまり弁明の機会のないままに、噂だけがめぐりだす。これには参った。鬱病もどきにかかった。九九年から二〇〇〇年にかけてが最低の時期だ。確かに、この時期、業績の上では放送大学の教科書としてかなり長編の『東南アジアの歴史』（二〇〇〇年、放送大学出版）を上梓している。アジア米文化を論じた『米にいきる人々』（二〇〇〇年、集英社）も出している。バックコックの継続調査やアジア農村研究会の仕事のほかに、毎年、南ベトナムを訪ね、また水利公団の仕事でビルマやベトナムの水利調査をしている。外目には今までとあまり違わない活動をしている。それが怖いことには、私自身ほとんど覚えていないのだ。今でもこの時期、なにをしたかはよく思い出せない。これは異常なときだったのだと思う。この時期でよく覚えているのは、よく、じっと押し入れの中にこもって真っ暗な時間を一人で過ごしている自分だ。

あきらかにおかしい。かといって病院には行かない。ほとほと困り果てた妻が、一緒にヨーロッパにでも行こうと言う。確かにヨーロッパ行きには心が動いた。地域学の早期の壊死は、あまりに学問的業績が少なすぎたことにある。Y事件に翻弄された九〇年代には、地域学に特筆すべき実績がない。私のバックコック研究だけだ。その自負はある。バックコック研究の方法と成果を世界に問うてみたい。日本財団からの助成を受け、ヨーロッパ地域学の祖シーボルト(1)とフルフローニエ(2)の大学、オランダのライデン大学国際アジア研究所に向かった。二〇〇二年、ヨーロッパの野原が黄色に染まりだした秋である。

バックコック・シンポジウム

ライデンでは授業のかたわら妻とよく旅行した。ベルギー、フランス、イタリア、ドイツ、ロシア、オーストリア、チェコ、ハンガリー、はてはロードスからエジプトまで鬱病封じの旅をした。サンクトペテルスブルグとリヨンの大学ではバックコック研究の講演をした。ヨーロッパの東南アジア研究者は圧倒的に「文化人類学者」を自称するものが多いから、バックコックの総合的研究方法はある刺激をもって聞かれたと思う。いっそのこと、一挙に欧米にバックコック研究を紹介しよう。まずは資金の獲得から。大学がつけてくれた秘書のローニン女史の協力で、ヨーロッパの諸財団に手紙を書きまくった。苦しい経済のもとでもさすがにヨーロッパだ。財団の姿勢が日本とはまるで違う。幾つもの小さな財団が、それぞれ数十万円を、この英語さえろくにしゃべれない私に助成してくれた。ライデン大学が人と会場を提供してくれる。山田直子さんなど日本人留学生諸君が献身的に手伝ってくれる。世界中のベトナム村落関係の学者に招待状を送った。フランスからは大御所のグエンテーアインほか二名が来る。そのほか、オランダはもちろん、イギリス、ドイツ、オーストラリア、カナダ、アメリカから来てくれる。ベトナムからは三名が来てくれた。日本人には自弁での出席をお願いしたが、いずれも賛同してくれた。約四〇名が参加してくれることになった。

そして、二〇〇二年八月末、ライデン大学の古式豊かな階段教室で四日間にわたるバックコック・シンポジウムが始まった。多くの批判があった。たとえば私が主張する土着的社会主義について多くのヨーロッパ人研究者は、従来の社会調和論、つまりアジアの農村は共同体性が強く、それが社会安定を作り出している、という古くさい議論とどう違うのかという批判が多かった。自給的、閉鎖的、そして静的な旧来の共同体論に対して、市場への対応や積極的な企業的活動など、ムラの持つ動的な性格を強調したかった。しかし、長年にわたってソ連にいたぶられてきたヨーロッパの知識人には、どうも社会主義とか共同体とかいう言葉には強烈なアレルギーがあるらしい。しかも、時はグローバリズムのまっただなか、地域性を主張する私など、許し難き旧左翼に見えたのかもしれない。とかなんとか、盛大な議論が噴出した。しかし、最後に総括をしたアメリカの長老研究者テリー・

ランボが、個別的な事実に拘泥しぬく、わたしたちの方法を高く評価し、最盛期のコーネル大学の調査に勝ると折り紙をつけてくれた。会議後のパーティでは出席者全員の寄せ書きを渡された。その中央には「Thank you Professor SAKURAI」と大書されていた。オーストラリア国立大学のリタナ教授は、桜井は私の英雄だとまで持ち上げてくれた。バックコック調査の方法はみなに評価されたのだ。素直にうれしい。

偽りの名誉

帰国後まもない、二〇〇三年の春、ベトナム国家大学（ハノイ）から連絡があり、私と旧友の古田元夫氏（東大教授）の長年のベトナム研究に対し、閣議決定で名誉博士号を授与すると連絡があった。ハノイの旧インドシナ大学大講堂で開かれた名誉博士号授与式には、大勢のベトナムの旧友、教え子たちが集まり、祝辞が続き、それこそ乗用車二台分の花束が贈られた。生涯最高のきらびやかな日だ。さらに二〇〇三年、バックコックのあるナムディン市とハノイ市でバックコック一〇年と題するシンポジウムが開催された。新装なったナムディン省博物館にバックコック展示室が設置された。バックコックはベトナム地域学の代名詞になった。日本での評価と裏腹に、世界と現地が評価してくれる。

しかし、私が名誉に浮かれているまさにその時点、つまり二〇〇三年に、バックコックは大きく変わろうとしていた。私がライデンで導き出した結論は、既に過去のものになっていた。地域は変わるのだ。二〇〇五年第三回の網羅調査がなされた。このとき、ある社会の固定的な構造に的を絞るかぎり、それは「学問的業績」であっても、一瞬の休みもなく生きて動いている農民たちの実態を研究したことにならないことを、絶望的なまでに知らされた。名誉は偽りの結果であった。しかし、当の本人はそれに気づかなかった。次章では、アジア村落研究になにが起こったかをみる。

2003 年、名誉博士授与式で答礼講演をする筆者。ベトナム国家大学ホールがお祝いの花束で埋まった。素直にうれしい。

【註】

(1)フォン・シーボルト(一七九六〜一八六六)。ドイツの医師。オランダ商館医として鎖国中の日本に来航、医学を日本人医師に伝授した。ヨーロッパに帰ってライデンに居住し、最初の日本学を作り上げた。

(2)スヌーク・フルフローニエ(一八五七〜一九三六)。オランダのイスラム学者。アチェ戦争において現地の宗教、文化の理解を強く主張した。インドネシアから帰国後、ライデン大学教授としてイスラム文化の講義を行なった。

21

一五年を費やしてバックコックから学んだ「食べるための経済」と「稼ぐための経済」の二重構造は、自給経済から市場経済に至るまでの過渡期の経済にすぎなかったのか。

ドーンデーン

この五月、東北タイのドーンデーンムラに行った。これに先立つ、三月に、アジア農村研究会でウボンラーチャターニーのベトナム系タイ人集落の調査をしたとき、マハーサラカーム大学の日本語科のノーイ先生にえらく世話になった。ノーイ先生と雑談していたら、ノーイ先生の御祖父がドーンデーンムラの農民で、一九六〇年代に水野浩一先生のドーンデーン調査の助手をしたというのだ。

ドーンデーン、この名前を聞いただけで私たちは身震いがした。京都大学社会学科の稀代の秀才、まだ二〇代の水野先生が、一九六四年に入ったムラの名だ[1]。おそらく日本人による最初の学問的な外国農村調査だったのではなかろうか。

六〇年代、タイの社会構造論として、エンブリーの「ゆるんだ社会論[2]」が流行った。アジアの農村はすべて堅い共同体を組織していると思い込んでいたおおかたのアジア研究者には、かなりのショックを与えた。しかし、水野先生はエンブリーの議論に正面から立ち向かい、ついにドーンデーンで屋敷地共有集団と呼ぶ親族集団を発見した。当時、水野先生はタイ語もろくにできなかったと聞いている。それでも村人とともに暮らし、自らスキをひき、苗を植えた。ノーイさんの御祖父によれば、ムラの人すべての名前と年齢をそらじていたという。半世紀も前のことである。東南アジア研究所では、かわいがっていただき、いろいろなことを教えていただいたが、不幸、一九七九年、四五歳の若さでバンコクで客死された。八〇年代になって、福井捷朗氏がドーンデーンムラを長期再調査したことは既述した（13参照）。ドーンデーンムラ研究には、福井先生や口羽先生などエスタブリッシュされた先生ばかりでなく、多くの院生が協力したが、その中から林行夫氏、河野泰之氏（ともに現京大教授）が育っている。ドーンデーンは私たち地域学の聖地だ。

ノーイさんや村人に案内されて、ドーンデーンムラを一周する。私が一九八八年に訪れたときは、泥道を上り下りし、どこでも水牛が寝そべっていた。それから四半世紀、まったく記憶にない風景が出現していた。高床式の家などどこにもない。おおかたの家は、こぎれいな新しい家だ。村内道路はすべて舗装されている。だいたいが、労働力のほとんどはコーンケンに働きにでている。すっかりコーンケンの郊外になってしまったのだ。

実は水野先生も七〇年代にタイ農村の急激な変化に気づかれている。先生の最後の論文、「工業化と村落の変貌」（水野前掲書所収）は、中部タイ、今はすっかりナコーンパトム都市圏に飲み尽くされたオムノーイムラの調査で、バンコクを四〇キロも離れたこのムラが、七〇年代には都市化の傾向を見せ始めていることを指摘している。ただし、先生は、この段階ではバンコクという急膨張を続ける地域の現象と見ていたようだ。タイ全

1965年ごろのドーンデーンムラ（水野浩一前掲書より）

土の農村が大きく変貌するとは考えていない。

福井先生は八〇年代に、ドーンデーンムラからコーンケンの工業団地に通勤する若者たちを見出し、通勤バス代と給料のバランスを論じている。しかし、伝統的な稲作構造の上に、通勤が重なる、そんな社会を考えていたようだ。地域へのこだわりは地域学者の意地だ。それにしても、地域学者は変化をどうしても既存の内的構造への外的影響と考えがちで、内的構造そのものが、外的な世界の中に巻き込まれていくという構図は苦手だ。実際にはドーンデーンでもオムノーイでももはや素直に農村とは言い難い。

還暦の序破急

二〇〇五年、私はいつのまにかといった感じで六〇歳になっていた。あまりセンチな方ではないが、なにもしてこなかった自分を見出して落ち込むのはこんな区切りのときだ。新旧学生諸君がさまざまなお祝いの会をしてくれる。京都でも名古屋でも、そしてハノイでもお祝いの会があった。ありがたいことだ。なかでも東京の学生の会には石井米雄先生が来てくれた。石井先生はこのとき、私の研究を雅楽や能の「序破急《じょはきゅう》」構成にたとえられた。

序破急は次の曲が前の曲を否定し、乗り越える三部の楽曲編制だ。東洋史で始まり、博士論文を書き上げると、これをまったく離れて、足で歩いた東南アジア史の叙述[3]に没頭し、それに片がつくとベトナムの村落バックコック研究にのめりこむ。例証をあげながらいたく誉めていただいた。しかし、研究者である私だけが変わっているのではない。実は対象である村落自身も序破急のように変化しているのだ。

二〇〇五年調査

既述のようにバックコック調査は終わりを知らぬ長期調査が売りだ。二〇〇五年の暑い八月、二〇年にわたって、私を守ってくれた

2012年5月のドーンデーンムラ

ハノイ大学教授チャンクオックヴオン先生が倒れた。ハノイの陸軍病院を見舞った。先生はもはや意識がなかった。まもなくバックコックに先生の死の知らせが来た。二〇〇一年に山本達郎先生を失い、今またヴオン先生を失う。歳をとると敬愛する人との別れが増える。

この夏、第三回目のソムB部落、全戸アンケート調査を行なった。一九九五年調査は日本人研究者が五班に分かれて全戸聞き取り調査を行なったが、さすがに時間も費用もばかにならない。二〇〇〇年からは基礎調査だけはアンケート調査に切り替えた。二〇〇五年では、アンケート作りの最初から回収まで南部のムラにこもりっぱなしの大野美紀子氏にお願いした。大野氏、プロだ。どこの家でもベトナム語で酒を酌み交わしている。その間、我々はそれぞれの主題ごとの調査を進める。ハノイ大学で調査票が整理され、秋にはエクセルデータとして手元に戻った。内容に愕然とした。一家の現金収入が激増している。

二〇〇〇年調査の段階でも、現金支出が激増していることはわかっていた。生活レベルでは家の新築の次はカラーテレビの購入が流行している。衣食には大きな違いはない。医療費、冠婚葬祭の主催や参加、そしてなによりも教育費が激増している。農民の子どもが優良の幼稚園に通い、ほとんどが高校を卒業し、さらに上級の職業学校に通い、一部がハノイなどの大学に進んで、都会に寄宿する。月五〇万ドンほどの現金収入しかなかった農民たちが面くらいながら、必死にこの現金需要に対応していく。ムラの中にたくさんのキ

21

オスク、雑貨屋、屋台、喫茶店のたぐいができた。旦那たちはありとあらゆる雑業、出稼ぎに手を出している。農業の外から金を持ってこないことには、生活がなりたたない。それでもベースは「食べるための経済」にある。だからまだ共同体は健全だ。現金不足はいわばこの構造の上に重なっていると思った。それが二〇〇〇年の状況だった。

二〇〇三年の暮れ、外の環境が大きく変化した。ナムディン省の経営するホアサ工業区(4)がバックコックから四キロ、目と鼻の先の田んぼの中に生まれたのだ。まず土地の労働力を募集する。中でも韓国資本の縫製工場は大量の女性工員を雇った。二〇〇三年の暮れからムラの八割の青年たちが、工業区に通うことになった。

私が一五年を費やしてバックコックから学んだ「食べるための経済」と「稼ぐための経済」の二重構造は、自給経済から市場経済に至るまでの過渡期の経済にすぎなかったのか。がっかりしている暇がない。まずは実態の正確な把握と対応だ。すぐ二つの計画が動き出した。

合作社市場化計画

合作社は伝統的な村落機構を受け継いだ組織だ。飢餓にも耐えた。ベトナム戦争に大きな戦力を提供した。社会主義時代の猛烈な貧困からも農民を守り抜いた。合作社とは地域そのものだ。しかし、戦争も社会主義も、食糧を作り、政府に供出し、残りを社員に平等に分割すればいい。何百年も農民はそんなことを繰り返してきたのだ。ところが市場化経済は、これまで経験したことのない急速で凶暴な嵐だ。それはムラの根底的な経済、「食べるための経済」を破壊し、それに置き換わる。合作社はこの「市場」に立ち向かわなければならない。経験のない戦いだ。

もはや科研の研究費の課題ではない。JICAのテーマだ。これまでの地域学の成果を、農村開発政策に結びつけたい。私は何度も何度も申請書を抱えてJICAを訪問した。そして二〇〇六年、合作社市場化のためのプロジェクトが決まった。プロジェクトの主眼は、合作社が市場の野菜流通情報を農民に提供するシステム作りにある。情報員を市場に派遣し、携帯を通じて日々価格を即時に合作社が把握する。これを毎日公示する。農民の栽培、出荷計画の基礎的な情報になる。もっとも、私自身は後述するハノイ千年計画に没入しなければならず、第一次バンコク調査以来の大ベテラン柳澤雅之氏（現京大准教授）にすべてをお願いした。柳澤氏の献身で、コンピュータや複写機を整備し、ちょっとしたオフィスができあがった。また情報員の育成、レポートの作成を指導した。

二〇〇八年、バックコックの党と合作社幹部、それにこの計画のベトナム側カウンターパートである農業技術研究所、ハノイ大学のメンバーを加えた七人を日本に二週間招いて、

21

日本の農協の活動を見てもらった。市場の中の農協の役割を見てもらった。ベトナムの地方農民が大挙、日本を訪問したのは初めてだ。バックコック研究のメンバーが終始面倒を見てくれた。各地の農協の方々も誠心誠意、ベトナム農民と話し合ってくれた。若い世代の献身には頭が下がる。農民たちも熱心に日本の農協関係者、普通の農民に質問を繰り返した。真の友好とは偉いさんを招くことではない。庶民に日本を見せることだ。長いバックコック研究の中でもっともうれしいときだった。

二〇〇九年、二〇一〇年には、ナムディンで合作社の野菜価格情報管理の成果を探るシンポジウムを開いた。若い調査員が野菜価格の変動を報告して、ハノイの農業専門家たちと渡り合っている。これも感動である。「市場化」はまちがいなく、革命や戦争と同じように合作社が対応できるものになった。

サンディトイヴェ計画

もう一つは東海大学の内藤耕氏（東海大学教授）に頼んで、文科省のニーズ対応型研究プロジェクトの一環に、ベトナム工業区研究を加えてもらった。新美達也氏（当時ベトナム国民経済大学研究員）がリードして、ナムディンの工業区の経営と労働実態を調査した。二〇〇八年にはアジア農村研究会の三〇人近いメンバーが、一週間で一五〇戸のバックコックの工業区労働者を調査した。二〇〇九年には、私の誇るベトナム語で調査できる日本最優秀の青年たち（オール日本と自称している）が、ベトナム学研究所の私の教え子たちと一緒に、再調査をした。さらに二〇一〇年には第四次の総合調査を行なった。同時に新美氏はホーチミンの工業区、渋谷由紀氏（東大大学院生）はドンナイの工業区を調査した。私も何度か同行した。

工業区の労働者の給料は安い。年齢も学歴も関わりなく、月六〇万ドン（二五〇〇円程度）から始まる。二〇一一年の調査では一〇〇万ドン（三四〇〇円程度）を超えたぐらいだ。それでも、青年たちは喜んでいる。特に女性は高校を出ても農業しか仕事がなかったのだ。両親のいる家から通える。両親は現役の農民だ。食費も寝泊まりもいらない。企業が負担する厚生福祉部門の多くを地域が面倒を見る。心身の安定は大きい。青年たちは給料をひたすら貯め込み、バイクや結婚式の費用にする。ただの通勤労働ではおもしろくない。「サンディトイヴェ朝、（市場社会に）行く、夕、（地域社会に）帰る。」労働形態と呼んだ。

もちろん、この労働形態が永続的なものとは思えない。親の世代が老齢化して農業生産を担保できなくなったとき、青年たちが農業に回帰するとは思えない。いずれは地域の農業社会は解体し、新しいなにかに向かう。しかし、二〇一〇年代現在では、あきらかに親も子どもたちも幸せだという。市場化の中で社会のバランスが取り戻されている。

ベトナムのいろいろな機関で「共同体から離脱しない市場労働のありかた」として講演した。一時、ベトナム学界ではサンディトイヴェは一種の流行語になって、「朝行って夜も帰らない」とか、「夜行って朝帰る」とかさまざまな卑猥なジョークまで生まれた。

不断に変わっていくベトナム農村社会をどのように記述していくか、悩んでいる間に、もう一つ、ハノイ建都千年記念の企画が、「地域情報学」の新しい知見とともに舞い込んできた。地域は生きている。だから地域研究の方法もすさまじい速さで変化していく。地域学は終わりも休みもない業なのだ。

横浜の我が家でバックコック農民とホームパーティ（2008 年 8 月）

【註】

(1)水野浩一、一九八一年『タイ農村社会組織』創文社、こののち福井捷朗、一九八八年『ドーンデーン村』創文社、社会学者の口羽益生（編著）、一九九〇年『ドーンデーン村の伝統構造とその変容』創文社が出版されている。一つの村から三人の大学者の手になる三冊の厚いモノグラフが出たのは、世界でドーンデーンムラだけだろう。

(2)John, F.Embree, 1950, "sosial System", *American Anthropology*, vol. 52. 短い学問的エッセイで、材料も表面的な観察をこえない。あんなに有名になってエンブリー本人が一番驚いたのではなかろうか。

(3)一九七〇年の翻訳『インドシナ文明史』（ジョルジュ・セデス）にはじまる私の東南アジア史執筆は、①一九九九年『東南アジア史1』（共編著）山川出版社、②二〇〇〇年『米に生きる人々』集英社、③二〇〇一年『東南アジア史4　東南アジア近世国家群の展開』（編著）岩波書店、④二〇〇二年『東南アジアの歴史』放送大学出版会、⑤二〇〇六年『前近代の東南アジア』放送大学出版会で、このころ一応の区切りがついたと思っていた。

(4)一般的に電気上下水道などの普及、また安定性に問題があるベトナムでは、狭い一定地域を造成して、近代的なインフラを整備し、おもに外国工場を呼び込む。これを工業区（クコンギェップ）などと呼ぶ。

22

「地域情報学」。地を嘗めるように調査し、微細で具体的な記録を身上とする地域学と、スマートで計量ばかりの情報学が統合されるものなのか。

古都発掘

本年七月、京都大学バンコク連絡事務所の在任期間が終わり、帰国した。三ヵ月の間、教育部長のレヌカー女史をはじめタイ国日本人会には、妻ともどもたいへんお世話になった。まずは無事帰国とバンコク滞在中の御礼を申し上げたい。

バックコックムラが大きく変わっていく。ベトナム全体の農業が地滑り的に動いている。私の研究生活のすべてを動揺させる結果が、二〇〇五年調査で出た。二〇〇〇年代後半はその対応に慌てふためき、サンディトイヴェーという労働様式の発見に至ったことを、前回に述べた。ところが、ほぼ同じ頃、私はまったく異なるテーマの研究に大きく傾斜していった。

話はややさかのぼる。二〇〇三年夏の第一一次バックコック調査のあと、ハノイの宿舎に考古学者の西村昌也氏（ハノイ在住中）が訪ねてきて、ハノイの旧城中でものすごいものが見つかったという。ハノイ一〇〇〇年の歴史が刻まれた複合遺跡だ。

ハノイは紅河の作り出すデルタのほぼ中央、紅河右岸に発達した幅広い自然堤防[1]の上に乗っている。自然堤防の作り出す微高地の最高位は一〇メートルを越すし（ロンビエン橋の西詰め）、高度六メートル以上でも三平方キロにわたって広がる。ハノイ自然堤防は東に高く、西、西南にかけてゆっくりと下降し、やがて毎年雨季には湖になるような低湿地に変わっていく。高位部は観光客でにぎわう、古い商店街フォーコー（英名オールドタウン）だ。西側のゆるやかな斜面にほぼ一辺一キロの方形の城郭址がある。一九世紀初めにできたハノイ省城だ。ハノイは旧都で、北部ベトナムの文化中心だ。中部のフエ城（ユネスコ世界文化遺産）に拠る阮朝[2]の行宮の意味もあり、皇城の設備、風格を持っている。一九世紀の末、フランスはハノイ城の城郭を完全に破壊し、内部の建物の多くを解体した。革命後、旧城址の東半分には人民軍総司令部が置かれ、西半分には政庁や党関係の建物が置かれた。霞ヶ関のような都心中の都心だ。その一つにベトナムの国会議事堂、バディン会堂がある。二〇〇三年、この建物の改築が計画され、敷地内地下の調査が始まった。そこで大遺構が発見されたのだ。

ハノイ一〇〇〇年

史書によれば、李朝の太祖が一〇一〇年、ハノイの地に昇龍城を建設したのが、王都としてのハノイの始まりということになる。それから一〇〇〇年、二〇一〇年が近い。ドイモイ後、どうも南部ホーチミン市にベトナムの重心が動きつつある。ハノイの影が薄い。しかし、ベトナムを領導する党にとっては、ハノイは母なる都、ホーチミン大統領の都だ。ハノイこそがベトナムの中心だ。そのための一大ページェントが企画される。ちょう

2003年夏、ハノイ遺蹟の大発掘

ど、これに符合するように、一〇一〇年以降の李朝、陳朝、黎朝と連続する宮城建築群の大遺跡が発見されたのだ。さらに発掘が進んで、李朝以前、八世紀の安南都護府らしき遺構も出現した。もはや発掘は考古学者の手から国家的事業に移った。何千という人が発掘現場に集められた。軍隊も投入されたと聞いている。それよりも多くのハノイ市民のボランティアが発掘を手伝った。まさにその現場に連れて行かれた。驚くべき光景だった。広い、国会議事堂の庭が一面に深々と掘り込まれている。時期は八月、ハノイは雨季の真っ最中だ。穴の中は泥濘と化している。その中に何千という泥まみれの青年たちが、ハノイのアイデンティティを求めて働いている。第二のディエンビエンフー(3)だ。私はこの光景にひどく感激した。日本がこの遺蹟保存に協力できないかと、ＪＩＣＡや大使館に相談しに行った。

欧米の援助政策と日本のそれは、社会科学用語ではない「国益」に与することを目的とすることは同じだが、対文化援助で根本的に異なる。フランスの極東学院は、ハノイに小さな事務所を置いて、まんべんなくベトナムのベトナム研究をフォローし、出版活動など地域の文化研究を援助し、ちゃっかりフランスの栄誉と名声を確保している。ベトナムでのフランスのプレゼンスは依然、限りなく重い。ところが当時の日本の外交、援助政策では、文化援助は付け足しだ。遺蹟の意味について要人にも会い、雑誌にも書いた。しかし当時のハノイの日本代表筋は、けんもほろろだった。

地域情報学

ベトナム最良の外交官と言ってもいいファンフイレ教授（歴史学協会会長）が、二〇〇四年、ハノイ訪問中の小泉首相をハノイ遺跡に招き、協力を依頼してから潮目が変わった。日本政府内にハノイ遺跡保護のための委員会ができた。潮目が変わったとたん、はしごも外された。私は考古学者ではない。歴史学者と名乗るのも辞めてしまって久しい。地域学者だ。既述のように九〇年代、バブルの崩壊と軌を一にして地域学の衰微が著しい。多くの地域研究は再び政治学、経済学など個別領域のレベルに戻ってしまった。中でも古手の考古学者には、地域学的な考え、環境総合的な理解の中で遺跡や遺物を考えるという視点は受け入れがたい。結局、地域学者は蚊帳の外に置かれる。また官庁が動き出してからは、タンロン遺跡保護は外務省や文化庁に近い学者の仕事になり、ここからも排除された。不愉快には違いない。ハノイ側は私が関係していると思うからいろいろ言ってくる。盟友ファンフイレ教授に対して立場がない。

二〇〇四年、ハノイの空港でソバをすすっていたら、偶然、隣の席に柴山守氏（現京大名誉教授）がいる。柴山氏とは古いつきあいだ。八〇年代の初め頃、私が京大東南アジア研究センターの古手助手で愚痴をかこっていた頃、新しく情報科学の助手として着任してきた。

えらく積極的な助手で、当時やっと文科系の口の端に上り始めたコンピュータについて特別なセミナーを持ってくれた。私はそのときの一番弟子だ。まだウィンドウズどころかMS-Dosのない時代だ。マウスさえなかった。そんなパソコン原始時代に、私がいちはやくワープロからコンピュータに脱皮できたのは、BASIC時代からのたたき上げ、柴山氏の懇切な指導のおかげだ。柴山氏は、その後、石井米雄先生の強い感化を受けて、民族文字や歴史への情報科学の導入に成功した。アユタヤの三印法典や、琉球の歴代寶案のデジタル化、朱印船交易のコンピュータ分析など多くの業績をあげた。しかし、なお歴史学界では高い評価を受けているとは言い難い。その柴山氏があらためて地域情報学なるものを打ち出した。地を嘗めるように調査し、微細で具体的な記録を身上とする地域学と、スマートで計量ばかりの情報学が統合されるものなのか、半信半疑だが、その可能性は既に柴山氏の業績が示唆している。石井米雄先生は、地域情報学の門出を、フランス語のオルディナトゥール（コンピュータ）概念を使って、つまりは地域情報学は、全体を秩序付け、秩序を付け加えることだと言っている（「地域研究における情報学を考える」、『アジア遊学』、一一三）。私はさらに加えて、地域情報学は地域を構成するすべての要素情報を秩序づける学問と理解している。地域情報は情報学のさまざまな方法によって整理され、秩序づけられて、初めて思考の対象になると考えていた。

その柴山氏が熱心にハノイの都市史、居住史について語り出す。新しく打ち出す地域情報学の最初の学術振興会科研プロジェクトに、ハノイ調査を入れたい。その相談をベトナム地質大学とするためにハノイにきた。その帰途、桜井氏に会うのは、すごい幸運だったと言う。その場で協力を求められ、こちらも思ってもいなかった棚からぼた餅、ひょうたんから駒、いやも応もない。ただちに了承した。

都市の地域学的研究

実はバックコック研究は、先号に紹介した時間軸の読み違えと言うだけではない、もう一つの限界にぶちあたっていた。それは地域の個別性を深める地域学にはどうしても抜けられない問題、地域の範囲の問題だ。地域学が対象とする地域とは個性を持った範域の広がりだ。ムラも地域だし、東南アジア全域も、ときには地球全体が一つの地域だ。ところが、一人一人との面接や詳細な測量を調査の基本とする地域学では、調査者の力量によって、地域の範囲が限定される。たとえば、のべ三〇〇人以上を二〇年にわたって動員したバックコック研究でも、ほぼ目的に沿って満足できる地域調査が完遂できたのは、ソムBという一五〇家族ほどの小集落だけだ。地域学がその方法論を徹底していくと、ついには一家庭に限りなく収束してしまう。実際、私が調査の後半一〇年、もっとも時間を使い、そしてもっとも成果があったのは、個人史の聞き取り調査だった。しかし、極めれば極めるほど、趣味的になり、オタク的になる。一応、個別の事象は全体の象徴などと言い、個人の歴史の中からえぐりだされる「ベトナム」の歴史、また世界の歴史を研究すると言っている。確かに、個人史に刻印されたベトナム史は、政府が決めたり、大学で講義されたりする歴史とはまったく違う。事実の歴史とはそんなものだろうと思う。しかし、個人史がわかれば、ベトナムの歴史の一面はわかっても、全体がわかるわけではない。都市の歴史ともなれば、絶望的だ。ハノイ一〇〇〇年記念も近い。ハノイは旧市域だけで三五平方キロ、人口一一二万人に及ぶ。とてもとてもバックコックのやり方では不可能だ。ところが、バックコック研究に圧倒されたベトナム人研究者たちも、桜井地域学がハノイをどう料理するか、舌なめずりしながら待っている。

心眼のデジタル化

考えていたことがある。ここの研究事例に亜地域としての代表性を持たせ、その亜地域の総合として、広域としての地域を描き出すことだ。たとえば、文化人類学はかつての村落研究同様、ジャカルタなどで、ある小さな街角を選びそこに住む庶民の生き方を調査している。それはそれでおもしろいが、どこまでも街角論であって都市としてのジャカルタは無視される。一方、陣内秀信氏らの『東京の空間人類学』(筑摩書房、一九八五年)などでは、都市を亜地域ごとに切り刻み、人と自然の関係史を描写する。「東京」という一つの地域の形成がよく理解できる。しかし、空間を作った人々には詳しいが、その空間に生きる人々にはつれない。

空間の形成と、その空間に生きる人々を合同させる都市論はないだろうか。これは歩くことと、聞き出すことがともに成り立たない以上ありえない。ところが、地域情報学はこの合同を可能にしてくれるのではないかと思えた。簡単に言えば、ハノイというとりとめもない巨大地域を、地域情報学の手法によって、亜地域に分類し、その亜地域の中の地点に住む人々の生活と個人史を聞き取りで調査しようとする。その人間も事物も平面の中の座標として指定される。

計画は二〇〇五年から走り出した。バックコック研究はよく人海戦術という批判を聞く。今回は当初こそ学生諸君の助けを借りたが、まもなくベトナム研究所のフオンアイン女史との二人三脚だけで、調査を続けた。まずは当時、最新鋭の衛星写真だったクイックバード二〇〇五年版を購入し、ハノイ旧四区(東京で言えば山手線内側という感じ)の亜地域分類を

22

始めた。おおむね、高谷好一先生直伝の見た目の高度差、水文環境、家並みでざっくり分けていく。これに建築史の大田省一氏（現京都工芸繊維大学准教授）がパリで苦労して集めたフランス時代の数十枚のハノイ地図を乗せ、特色を判断し、分布を案配して、亜地域を決めていく。若い情報学の米澤剛氏（現大阪市立大学准教授）など、最初は私の作業を「心眼」と称してやや小馬鹿にしていたらしいが、そのうち研究が進捗して、四〇センチコンタの高度モデルができあがると、桜井先生の魔術的マップとの一致に、「心眼おそるべし」という気分になったようだ。なんによらず、異質な学問が共同研究するには、協力者の学問への尊敬が必要だ。新しい地域情報学はその心意気の上にある。同時に心眼に科学的な根拠を与える。それが地域情報学だと思った。

庶民のハノイへ

次に亜地域区分のそれぞれから調査地の街角や町会を選んでいく。私が想定される亜地域ごとの特徴（地域性）をフオンアイン女史に説明し、女史が適当な人脈を探して、亜地域の地域性をもっとも代表する街角や町会を探してくる。ここはもう女史の調査眼を頼るしかない。それにしてもハノイは広い。二〇〇四年に旧市街のもっとも高みの通りを調査し、二〇〇五年には、旧市街の微高地地図を作り、二〇〇六年には微高地の南斜面のクアナム地区の住民三〇家族の生活史を聞き取った。同じく二〇〇七年にはハノイ旧市街西の低湿地、二〇〇八年には西南の低湿地を調べた。二〇〇九年にはハノイ南郊を調査した。二〇一一年には、ハノイの郊外の新開発地域の住民聞き取りをした。二〇一〇年のハノイ一〇〇〇年祭りはとっくに過ぎ去り、それでもハノイ研究の終点が見えない。

八年に及ぶ聞き取り調査の中から、目から鱗、おもしろいことがいくつも出てきた。たとえば普通、都市住民の個人史は多様で、農民の個人史はきまりきったものと思いがちだ。実際の調査では、都市住民はここ三代、世代間ではずいぶん違いがあるが、同一世代の中の人生は退屈なほどにワンパターンが多い。高校に進むか進まないか、ムラを出るかどうか、まだまだムラの各世代の人生の方が無数のパターンを持っている。

もう一つ、日本の近世城下町では、微高地上に官庁などの巨大建築が並び、次に低い湿地が埋め立てられて商人街ができるのが普通だ。「山手」と「下町」だ。ところが、ハノイでは逆だ。もっとも高いハノイ北東の微高地上は古くから商業地として庶民に占拠され、あとからハノイに建都した李、陳、黎の各王朝の都城は、やや低めの緩傾斜に建てられている。だけではなく、一九世紀末以降のフランスの建築も、多く、微高地裾の沼地を埋めて建てられている。独立後のベトナム政府の建築物もそうだし、二〇〇〇年代の高層建築にいたっては、ハノイ南方に広がる氾濫原に立ち並んでいる。良地に庶民が住み、悪地に権力が住む。道の角度がそうだ。便利な紅河筋に沿った道路線が高台を縦横に走り、その西の隅、城壁の脇に政府がひいた数筋の条里がひっそりと残る。いかにも国家が庶民に負けている。

二〇一〇年のハノイ一〇〇〇年記念シンポジウムでは、ハノイの道路の角度の種類と、その角度の歴史について発表した。おおかたの評価を得たと思う。

イマダ木鶏ニ及バズ(4)

とはいえ、私のハノイ研究は日本の学界ではまったく支持を得られなかった。ハノイの都市の立地から高度と歴史性から描いた最初の論文は、『東南アジア研究』という、地域学の専門雑誌から没にされたし、道路角の論文はハノイでは好評だったにもかかわらず、『東方学』という権威ある東方学の中心誌では、定かでない理由により没にされた。私の歴史地域学は、歴史学と地域学の両方から拒否されたようなものだ。二論文とも、すぐ別の学術雑誌に掲載されたから日の目を見たが、その都度、怒り狂った。

もっとも、既存の雑誌の編集部だけが蒙昧だったわけではない。やはり、情報学を何も知らぬ私が、緯度経度や高度差をいくらに論じても、GIS（地理情報科学）のかなり低レベルの物まねにすぎない。編集部が落とした理由がわからないわけではない。地域情報を秩序立てて統合するということは、地域学者が情報学のまねをすることではない。地域学者が足で集めた地域情報を情報学者に提供し、秩序だててもらってから、再び地域学の思考で考え、論文とする。地域情報学とは、地域学と情報学のキャッチボールなのだ。一つの事象を二つ以上のディシプリンが相互に方法と材料を提供しあいながら、それぞれに結論をだしていく。地域情報学は袋小路に入った地域学の解放者かもしれない。そのとき、そう思った。

二〇〇八年、定年退職も過ぎて六三歳、心身ともに若い頃と変わらず、フィールドを走り回り、大酒を飲み、たばこを煙突のようにふかし、学生と徹夜で語り明かし、生涯現役をまったく疑わなかった。地域情報学、つまりは柴山氏に本格的に帰依しようと思っていた。しかし、その根底を打ち砕く身体の大崩壊が、目前に待っていた。

【註】

（1）洪水のたびに、デルタに運ばれた土砂が河の両側に堆積される。これが繰り返されると河岸に微高地が形成される。これを自然堤防という。古い河床の両側に残される場合も多く、水田面よりも高いために居住地に利用される。
(2)一八〇二〜一九四五年までフエに都したベトナム最後の王朝。
(3)一九五四年、独立戦争の最後の局面。北部山中のディエンビエンフー要塞を攻略するために、何万というベトナム農民の肩がボランティアで人民軍の補給を担当した。ベトナム現代史最大の叙事詩だ。
(4)『列子』木鶏に、最強の闘鶏はなにごとにも動じない木の鶏に似ているとあり、双葉山が六九連勝で敗れたとき、師の安岡正篤に「イマダ木鶏ニ及バズ」という電文を打ったという。

23

この四四年間の私の研究の結論は、以下のとおりです。私はこのうえなくベトナムの大地を敬愛しています、私はこのうえなくベトナム人が好きです。

学界愚痴話

日本の文科系の学界では、オリジナリティへの恐怖感が強い。パラダイムの異なる「創見」はおおよそ無視される。無理もない。学界はその科学性よりも、生き残りをかけた利権の争奪からなっている。新参者を排除しなければ、パイの分け前が減る。同じことが欧米人の主唱であれば、虎の子を獲ったように騒ぎ出す。外国人なら自分のパイのかけらは奪われないし、うまくすれば労せずして新たに利権が獲得できる。

無視された側は仕方ないから、今度はなんでも新しいものに飛びつくジャーナリズムに接近する。多くのジャーナリズムは新しい学説をおだてて使い捨てにするか、あるいは大衆迎合のためにねじ曲げる。かくてすばらしい学説の多くが堕落する。日本の文科系学問に世界的な業績がでないのは、ひとり日本語のせいだけではない。

東南アジア地域研究は、新しい学問だ。だからこの日本学界の限界をもろにかぶる。かつて尊敬すべき多くの東南アジア地域研究の先輩たちが、学界とも学会ともジャーナリズムともできるだけ無縁に、ひたすら東南アジア研究という枠の中にこもっていった理由がわかる。しかしそれでは、不登校の少年のように、解ってくれる人としか話をしなくなる。学問のとじこもり現象だ。それが九〇年代以降、東南アジア地域研究を痩せさせた。

私も齢六〇を越え、東南アジア研究に参加して四〇年を経ている。私は東南アジア研究の勃興期から衰退期まで見ている。だから現在の東南アジア研究の衰退に大きな責任がある。衰退の中に隠居をきめこむわけにはいくまい。私ができることは三つある。一つは研究者を個人に追い込まない学界活動であり、二つは学界に負けない若い人を育てる教育だ。そして最後はいうまでもなく、すべての人を感銘せしめる学問業績だ。

23

東南アジア史学会

東南アジア地域学の要《かなめ》は歴史学だ。歴史学が、初めて東南アジアを理解し、東南アジアとはなにかを人々に知らせた。私自身が一九六〇年代初め、東南アジア研究のために選んだのは文学部の東洋史学科である。その頃には東南アジアを「学問的」に研究しているのは歴史学しかなかった。たとえば、ここ二〇年、私が執筆参加している東京書籍の高校世界史の教科書では紙面の約五％を東南アジアの叙述に使っている。もちろん、日本との関係から言えばとても足りないが、それでも高校の教科レベルではもっとも東南アジアについて紹介している。誤りもなく、私たちは東南アジア史こそが東南アジア研究の先鋒であり、要《かなめ》であるという自負を持っている。

一九六五年、恩師山本達郎教授は、日本で東南アジアを研究する歴史学、政治学、国際関係論、文化人類学、考古学などの専門家約五〇名を集めて、「東南アジア史学会」をお作りになった。当時も今も東南アジア研究の専門学会は東南アジア史学会しかなかった。また先生の歴史の概念は、既存の歴史学、つまり文献を比較考証して過去の事物を再構成する、の概念をはるかに超えていた。山本先生はすべての学問が時間軸を無視することができない以上、すべての学問は歴史学だと考えていた。だから歴史学のみがすべての学問をまとめることができるのだと。

しかし、山本先生のお考えにもかかわらず、実際の事態の方が大きく変わった。東南アジア研究の発展の結果、わずか五〇名で始まった「東南アジア史学会」が、二〇〇〇年には六〇〇名前後になった。もちろん、その大部分は歴史学者ではない。当時の学会員アンケートでは歴史学者は三割程度しかいない。つまり七〇年代以降の東南アジア研究の発展は、政治、経済、文化人類学、社会学など現代研究によっている。そして現代の構造の研究に集中する非歴史学者が、山本先生のお考えに納得するとは思えない。

歴史学者のおごり

もう一つは、東南アジア研究の中での「歴史学」の位置づけが違ってきた。六〇年代、歴史学以外の論文はいかにも素人くさかった。ところが、七〇年代、八〇年代、それぞれの領域の超一流の秀才たちが東南アジア研究に参画するとともに、すべての領域での東南アジア研究のレベルが増大した。一方、東南アジア研究ではもちろん歴史学の論文の比率が、相対的にはもちろん絶対量の上でも減少してきた。学会誌の論文も学会での発表も、シンポジウムも歴史学以外の研究者の業績に占められてきた。

にもかかわらず歴史学の側にはそれがわからない。いや山本先生の諸学はすべて歴史学という考えをもっとも理解しなかったのは、その東南アジア歴史研究者自身だろう。大部分の歴史研究者は、東南アジア史学会は東南アジア史研究者のための学会なのだから、他分野の研究者は追随すればいいぐらいにしか思っていない。しかし、その業績は数量でもレベルでも大幅に低下し、歴史学者以外の東南アジア研究者の尊敬を受けていない。

学問的に衰弱している東南アジア史学が生き残るには二つの道がある。一つは東南アジア史学が歴史学一般の軍門に下って、つまりは東アジア史とか、ヨーロッパ史とかと同じように、世界史の中のパートを分

2008年12月。村落調査実習でベトナム研究所の院生たちと写す（後列右から2人目が筆者）。ベトナム人の若者にベトナム村落の調査法を教える。なんという快感！

けてもらう道だ。もう一つは東南アジア研究の一部門として、東南アジア研究とともに売り出すことだ。しかし、縮小化、中でも教養部門が大幅に縮小されている現在の大学では史学が拡充されるとは思えず、守りに入った史学各部門の中で、東南アジア史が食い込むのは至難である。第一、東南アジア史の情報など、他地域の歴史家は本来、知ろうとはしない。それはたかだか旧植民地の歴史だからだ。

しかし、東南アジア史には、他地域の歴史家が思いつきようもない特別な意味がある。東南アジアには全体を支配した大帝国があったわけではなく、すべての人に信じられる大宗教があるわけではない。東南アジアはそんなばらばらの世界にもかかわらず、EUに並ぶ成功した地域国家連合ASEANを平和うちに建設し、現在の地球の上で、もっとも安定した地域を作り上げた。それは文明を媒介する結合ではなく、文化と環境を共にするものの連合だ。熱帯湿潤の中で、腰巻きと高床式住居、サカナと米で生きる人々の世界だ。自分たちはインドでも中国でもないことを主張した概念だ。だから、東南アジアの歴史は、東南アジアの環境の研究の上に初めて研究する意義がある。東南アジア史は世界史の一部としてではなく、東南アジア地域研究の一つのパート、時間軸による東南アジア世界形成を論じて初めて意味がある。それが東南アジアの歴史に四〇年かけた私の結論だ。だから東南アジア史の再生のために、東南アジア史を東南アジア学会の部分にしなければならない。

23

東南アジア学会

とてもとても悲しいことに二〇〇一年、山本先生が九一歳でお亡くなりになった。先生の霊に幾重へものお詫びを捧げた上で、その年の東南アジア史学会の大会で、私は東南アジア史学会の名称を東南アジア学会とすることを提議した。この直後に私がオランダのライデン大学に遊学したこともあって、この提案はまったく無視された。ところが、ライデンの私のところに、次期会長の倉沢愛子氏（当時慶大教授）が学会名改称問題についての私の意見を問い合わせてきた。私の提案は歴史学以外のほとんどの会員の希望であるが、一部の歴史学者の会員は猛烈に反対しているという。

帰国後、まず学会内に検討委員会を設立した。当時の会長加藤剛氏（当時京大教授）、や畏友古田元夫氏（東大教授）など多くの同志と図って、私が会長になった期（二〇〇五～二〇〇六年）に、学会名称の変更を大会に提案した。二〇〇六年冬、一部の歴史研究者の猛反対を押し切って、会員の三分の二の賛成を得、ようやく東南アジア学会が成立した。すべての領域の東南アジア研究をカバーする一つの学会ができた。

改称なった学会の会長挨拶で、私は私の期の目標として、二つのことを提示した。一つは東南アジア研究の中で、「東南アジア学会」のプレゼンスを高めること、「東南アジア学会」

23

を東南アジア研究の中心とすることである。そのためには、学会は東南アジア研究のすべての領域をカバーし、吸収し、発展させるものでなければいけない。それが地域研究学会であると。その二つは、すべての学問の中で東南アジア研究のプレゼンスを高めることである。東南アジアは研究の場だけではない。東南アジアは自然と人が作り上げた一つの世界なのだ。何人も、また何の学問であれ、東南アジアに関わる以上、東南アジアの尊厳を知らなければいけない。そして、その尊厳を発信する場が「東南アジア学会」であると。

東南アジア学の中の東南アジア史、地域学の一部としての東南アジア歴史研究が日の目を見た。東南アジア研究再興の連合拠点ができた。

国際ベトナム学賞

二〇〇八年、第三回国際ベトナム学会がハノイの国際会議場で開催された。開会式で、私は外国研究者団を代表して、地域研究としてのベトナム研究を語った。歴史中心のベトナム研究ではなく、地域学を中心とするベトナム研究に移行するべきだ。「歴史学はベトナム研究の母、地域学はベトナム研究の父」。パーティの席上、私の結びの言葉を語る人が多くいた。そのまま、ベトナム国家大学ベトナム研究所に招かれ、冬季の集中授業を担当することになった。講義はベトナム地域学。ベトナムで初めて、外国人が、正規のカリキュラムの中で、ベトナム語でベトナムの学生にベトナムを教える。地域研究者の最後の夢を果たした。

二〇〇九年春、南部のビンズオン大学に妻ともども招かれ、私はベトナム学を、料理研究者の妻はマクロビオティック理論を授業した。ベトナムの国際ファンチャウチン財団（総裁はグエンティビン[1]元副大統領）が、突然メールを送ってきた。第一回の国際ベトナム学賞に私が選ばれたという。ハノイに出て、会場に急ぐ。現在はベトナム国家大学の講堂だが、もともとはフランスが建設したインドシナ大学の大講堂だ。正面の壁に、知の女神がベトナム民衆を救う有名な大壁画があ

国際ベトナム学賞の授賞式。旧インドシナ大学講堂の大壁画を後に講演する

る。既に荘重な階段教室には内外の名士、著名な教育、研究者が集まっている。この大講堂での講演はすべてのベトナム研究者の夢の夢だ。ベトナムに地域学を導入した功労者との紹介があったのち、大壁画を後に答礼演説をした。以下は、演説草稿の日本語訳である。

「感謝の辞　グエンティビン閣下ならびに、国際代表団、ベトナムの文化と教育を代表する同業諸氏、この機会に、私は日本ベトナム研究者会議を代表して、ファンチャウチン財団組織委員会に心よりの感謝を捧げます。委員会は、四四年間、ベトナムについて研究を続けてきた日本の研究者に、この高貴な名誉をくださいました。これは単に私個人の名誉ではなく、現にベトナムを研究し、またかつて研究をされたすべての日本人研究者の名誉であります。こう述べることもできます。この賞はベトナム人が日本のベトナム学研究の結果に初めて高い評価を与えてくれたと。

私は一九四五年に生まれました。つまりベトナム民主共和国と同い年です。一五歳のとき、グエンティビン女史など南ベトナムの指導者と人民は南ベトナム解放民族戦線を樹立しました。この組織は世界史の中でもっともすぐれた組織として高い評価をうけています。私が二〇歳のとき、抗米救国戦争はもっとも苛烈なときを迎えました。このころ、私は東京大学でベトナムの歴史研究を開始しました。三〇歳のとき、南ベトナムは全面的に解放されました。この同じ年に私は結婚しています。ちょうどホーチミン作戦のただ中です。つまり、一五歳から三〇歳までの私の青春は、常にベトナム戦争と共にありました。この一五年間、私は毎日の新聞記事の中からベトナムという言葉がなかった日を知りません。中でも、私は一人の美しい女性戦士の写真がしばしば新聞に登場するのを見ました。私たち、多くの日本の青年たちは、この美しい女性戦士にあこがれました。その女性の名はグエンティビンといいました。私は本日とても幸せです。それはグエンティビン閣下が、四〇年前と少しも変わらぬ美しさと気高さを持っておられることです。

こうしたわけで、ベトナムは私たちにとても近い存在でした。私たちはベトナム人民とその抗米救国の戦いに感動し、共感し、その思いを分かち合いました。わたしたち多くの日本の青年たちは、毎日のようにベトナムを擁護するために日本政府と闘いました。ベトナムは私たちの青春の生きた表現でした。だからわたしたちはベトナムとはなにかを知らなければなりませんでした。一九六五年、私はベトナム研究を始めました。それはベトナム戦争がもっとも苛烈だったときです。そして、私たちは問いかけました。なぜベトナムはアメリカに勝利することができたのか。それはベトナム民族の団結性、共同性の勝利です。その団結性や共同性は、ベトナム民族が歴史時間の中で得た社会的経験の結果です。まず私はベトナムの社会歴史の研究、李朝から阮朝に至る北部社会の村落史の研究を開始しました。資料は漢文だけでした。この研究の結果は、数十編の論文となり、のちにまとめて『ベ

23

トナム村落の形成』として出版されました。一九八八年、東京大学はこの業績に対し、文学博士をくれました。しかしこの研究の過程で、私はベトナムの紅河デルタ村落が実に無数の多様性を持つことを発見しました。その多様性は歴史的条件と地理的環境の相違によって形成されます。このときから私は紅河デルタ村落の開拓史の研究、村落建設史を主に地理的条件の分析を通じて、考古学時代から黎朝に至るまでを研究しました。一九九一年、東京大学はこの業績に対し、農学博士をくれました。しかし、これらの研究はただ机の上の仕事にすぎません。その頃、日本式の地域学研究がようやく一般化してきました。地域学は学際研究と臨地研究を要求します。しかし、まだまだベトナム研究はその条件を持っていませんでした。

一九九三年、私とベトナム農村研究会の仲間たちは初めて政府の許可を得て紅河デルタの調査に出発しました。バックコック研究が始まりました。バックコック研究は、ベトナム研究センターと合作して展開された最初の地域学調査です。この研究は一五年も続きました。参加したさまざまな領域からの日本人研究者は三〇〇人を超えました。バックコック研究の結果は数十編の論文として出版されています。バックコック研究は、世界最大、最長、そしてもっとも詳細な研究として評価されております。二〇〇三年、ベトナム国家大学は私のバックコック研究に対し、名誉博士を授与しました。これはベトナムの研究者たちがバックコック研究を高く評価した証《あかし》と思っています。

現在、バックコック研究のほかに、地域情報学によるハノイ研究、合作社市場化の研究、農村と工業区の関係の研究をベトナムの友人たちと進めています。もし、ベトナムの友人たちの支援と合作がなければ、今日、ベトナム学賞の栄誉をうけることはなかったでしょう。だから、この賞の栄誉は、私を助けてくれたベトナム・日本の友人と分かち合うものであります。

現在、私は地域学者であります。地域学とはなんでしょうか。私の最初の答えはこうです。地域学は、地域を敬愛する心の表現である。私が死んだら、ぜひ天上でホーチミン氏に会いたいと思っています。私はホーチミン氏に報告します。『私は日本人です。それ

グエンティビン女史と筆者。2008 年ベトナム学会議で

でも私の人生と私の科学的事業のすべてをベトナム地域研究に捧げてきました。この四四年間の私の研究の結論は、以下のとおりです。私はこよなくベトナムの大地を敬愛しています、私はこのうえなくベトナム人が好きです』。ベトナム、ありがとう。皆さん、ありがとう。」

私が話し終わったとき、満場が総立ちになった。グエンティビン女史が、ファンフイレ教授が、多くの友人たちが惜しみない拍手を送ってくれる。会が終わったあと、街角の小さな喫茶店で一人でお茶を飲みながら、ゆっくりと感激を味わった。ベトナム研究最高の栄誉を得たことはもとよりうれしい。それ以上に、ここまでベトナム人に敬愛されている自分を見出せたことがうれしい。

23 好事魔多し

その歳、二〇〇九年はいろいろなことがあった。ベトナムの雑誌、日本の新聞が私の授賞を大きく報道してくれた。五月にはハノイで桜祭りがあった。ハノイのでき方を講演した。六月にはベトナム国際経済研究所と共催で、工業区のシンポジウムを開催した。九月にはハノイの貧民地区を調査した。一〇月にはバックコックムラの再調査をした。喜ばしいことが続き、息つく暇もないほどに日本とベトナムの間を往復した。冬一二月には、例年のようにベトナム国家大学で授業をしていた。

好事が続いたときは、魔を呼び寄せるという。クリスマスに近い土曜日の夜、私は一人で旧市街を散歩していた。突然、歩道脇でバイクが横転し、私の右足が車体の下敷きになった。軽傷と思ったが痛みがひどく、翌朝、仏越国際病院に入院した。ベトナムの私の学生たちが献身的に看病してくれたが、まったく埒があかず、クリスマスに日本に帰国し、再検査した。右足の膝蓋骨に複雑なひび割れがあった。そのまま入院した。

二〇一〇年の一月末にようやく退院した頃、石井米雄先生入院の報を受けた。先生のお宅のある伊豆の伊東に何度か通った。そして先生の最後をみとった。心身ともにひどいダメージを受けていた。それでも三月初めには、松葉杖をひきずりながら学生たちとマレーシアのタイ国境に近いクダの調査に出た。帰途、石井先生追悼原稿の件で、バンコクのレヌカー夫人の家に一泊した。その頃から様子がおかしくて、横になると息ができない。そのまま帰国して、講演、石井先生の追悼会に連続して出席した。それが最後のようだ。ものすごい空咳だけで、まったく通常呼吸ができなくなった。重篤の心不全だ。三月末、救急車で病院に運ばれた。家族は病院の集中病棟の廊下で待機させられた。何度かあちらの世界に呼ばれた。家族と学生がこの世に呼び返してくれた。その途次、考えることがあった。

【註】

(1)ベトナムを代表する女性政治家。一九二七〜。六〇年、南ベトナム解放民族戦線の結成に参加。世界各国を旅して戦線の国際的情宣を担当する。六八年、パリ和平交渉で戦線代表。六九年、南ベトナム臨時政府外相、和平会談首席代表、七六年、統一後は教育相、九二年、副大統領。

24

人生は人々の恩愛で、満ちあふれている。そして私自身の上空には、いつも「地域学」という一つの太陽があった。

生還

二〇一〇年の四月二日、病院の集中治療室で心臓が止まった。ひどく気持ちが悪かったが、それでも意識はしっかりしていた。まわりが暗くなり、ついには夜の空のように青暗くなった。突然、気持ち悪さが取れ、身体が暗い空の中を飛んでいるのがわかった。なにも見えないし、なにも聞こえない。ああ死んだのだなと思った。しばらく飛んでいると炭が焼けているような真っ赤な丸い星に近づいた。星のまわりを漂っていると、巨大な頭だけの石井先生が星の中から出てきた。なにもおっしゃらないのだが、目が血走っていた。ものすごく怒っておられるのがわかった。先生が怒っておられるのを見たのは初めてだ。あわてて向きを替えた。真っ白な光に包まれ、もとのベッドの上にいた。看護師さんが私の顔をのぞき込んでいた。「あちらはいかがでしたか」。それが看護師さんの第一声だった。あとで聞くと私のような重篤な心臓病患者には臨死体験が多いそうだ。夢のようだが、夢ではない。私が空を飛んでいたとき、心臓は弱含み、ついには止まってしまったそうだから。

人生の時間単位

意識を保ったまま死ぬと、死の直前に逆立つような恐怖を感じるという。それはなかった。「やっぱり」といった感じで死を受け入れられた。戻ってきてからの方がいろいろ考えさせられた。というより、点滴柱六本に囲まれ、ベッドの上に縛られて身動きができない。本も読めず、テレビも見えない。考えるしかない。なによりもあのまま死ななくてよかったと思った。まだあちらに行く準備がまったくできていない。といっても思うのは業績処理のことばかりだ。

それまで、業績処理は急いではならぬと思っていた。私はそのとき齢六五歳。ほぼ二〇年前後を単位に仕事をしてきた。一九六五年、東南アジア史の勉強を始めてから、最初の東南アジア史『東南アジア世界の形成』（一九八五年、講談社）の出版までに二〇年間。公田制という文献だけの研究を『ベトナム村落の形成』（一九八七年、創文社）としてまとめ、文学博士を取得するまでに二二年間。紅河デルタの水文環境の研究は、三二歳で始めた。農学博士をいただくまでに一五年間。バックコック調査は四九歳のときに始めて、一応の報告書を出すまでに一三年間かかった（『バックコック―歴史地域学の試み』、二〇〇六年）。この研究は今も続いている。一発当てようなどと不埒なことを考えない限り、一般に人文系の先生は、企業人に比べのんびりしたものに見える。その中でも、私は図抜けて仕事が遅い。

ところが、臨死体験はそんな悠長な人生を吹き飛ばした。心臓病がベースにあるのだから、いつ突然、あの世に行くかわからない。二〇年単位の人生は、とても無理だ。五年を区切りに考えたらいい。今から五年ぐらいはなんとか生きられるだろう。五年たってまだ生きていたら見直してみよう。ところが、地域の理解が五年で完結するような器用な方法は思いつかない。基本情報の収集だけで五年ぐらいたってしまう。とすれば、もはや新しい仕事はできない。これまでの仕事の大整理ならできそうだ。業績の整理を五年刻みで考えよう。それなら、かなりの部分を完成して世に送ることができる。

24

残業

死に損なった時点で、手をつけていた仕事は大きく三つある。第一は、バックコックムラ調査の報告書をあらためて出版することだ。第二は、二〇〇五年から出版社めこんに頼まれている『ベトナム概説』の仕事だ。全部私一人に任せるという条件で承知した。私もこれを機会にベトナム情報を整理したかった。第三は、地域ごとのハノイ市民に聞き取りを重ねていくことでハノイの歴史を再構成しようとするものだ。どれもが、多くの人の献身的な協力の上にできている。そのどれをも果たせないままに死ぬのはいかにも口惜しい。

もし生還できたらなら、この年二〇一〇年を起点として、二〇一五年、つまり七〇歳までに、まずはこの三つの残業をかたづけよう、などということを朦朧とした頭の中で考えていた。

まだ集中治療室から出られないとき、内外の学生たちが集まって千羽鶴を折ってくれた。ある女子学生はクアラルンプールの宿で泣きながら折ったと言い、東北タイに暮らす男子学生は、バンコクの街を走り回って折り紙を探したと言う。生まれて初めて鶴を折ったという学生もいる。その数なんと一五〇〇羽。駒場の岩月純一（東大准教授）氏が、担いで集中治療室に届けてくれた。その晩、やっと一般ベッドに移された。折からの満開のしだれ桜に見まがう千羽鶴の流れるような束に触れて、生還を実感した。命をもらったのだ。旧友の手紙に言う。「桜井さんのまわりをご家族と学生さんが、固い輪を作って守っている」と。

実際、二〇一〇年四月末に退院した。その後の回復ぶりはものすごい。医者も私自身も舌を巻くばかりで、その年一〇月にはほぼ回復し、ハノイ一〇〇〇年の式典に参加し、一二月にはハノイの学生の実習授業と私自身のフィールド調査ができるまでになった。二〇一一年、二〇一二年、足の回復がやや遅れているのを除けば、ほとんど病前と変わりない。いや、病前には浴びるように飲んでいた酒や、煙突のごとき喫煙はすっきりとやめた。大学の非常勤講師などオブリゲーションもほとんどなくなった。そして妻が作ってくれた最高の書斎と書庫がある。仕事に集中する体制、五年計画への環境がととのった。

ベトナムを「概説」する

なによりも出版社めこんとの約束、『ベトナム概説』の執筆、刊行だ。ほかの二つは自分の独り決めだが、これにはめこんとのまったく破りっぱなしの契約がある。私は、ドイモイ路線が軌道に乗り、ベトナムへの旅行が解禁になった一九八九年、最初のベトナムガイドブック『もっと知りたいベトナム』（一九八九年、弘文堂）を編集している。またドイモイ直前のベトナム紀行としての『ハノイの憂鬱』（一九八九年、めこん）を書いた。九〇年代のベトナム情報には、それなりに貢献している。そこではきれぎれの知識ではなく、まとまった地域のイメージを伝えたかった。だから私の本はベトナムについてのエッセイの集成という形をとっている。地域学のキーは総合的認識である。

確かに一九九四年の第一次ベトナムブーム時には、ベトナムのビジネス関係、経済関係の本が無数に出版された。そのあとでも雑貨、料理、そして一行知識的なベトナムの本がたくさん出版された。名物『地球の歩き方』も版を重ねている。二〇一一年にはついに『ベトナム検定』（小高泰編、二〇一一年、めこん）という本まで出た。ベトナムについて検定の対象となる情報が提供されているということだ。日本語ウイキペディアのベトナム関係も充実してきた。もはや私の出る幕ではない。しかし、ベトナムを地域として理解できる本はない。きれぎれの情報として伝えられるかぎり、ベトナムは他者だ。覗くだけ、通り過ぎるだけの空間だ。そこでこの企画を承知した。もうベトナムの経済、政治、社会、歴史などの章立てはしない。それは類書のあることだ。

だから私でなければ、地域学者でなければ、書けないベトナムを書く。私はベトナムをテーマではなく、地域に分ける。それも決まり切ったような北から南への叙述ではなく、南も南、タイ湾の中、カンボジアの向かいにあるフークオック島から筆を起こす。大都市、デルタ、高原、海岸、盆地、山地、それぞれの地域が表現する地域の特徴、地域性をつかんでいく。その構想のもと、エンジンを全開にふかして、調べつくし、旅行しつくし、書き尽くす。

バックコックムラ第二版

それが終わったらバックコックムラの調査報告だ。バックコックムラ報告の最大の問題は、すさまじく変わり、今なお変わりつつある社会をどのように理解し、記述するかだ。二〇〇六年に書き上げた一〇〇万字を越す報告書では、一九九〇年代に我々が交わったバックコックの地理、家庭、社会、家計、教育、宗教などなど知り得たすべての情報を「空間」編として整理した。バックコックの枠組みだ。この枠組を作り上げた過去は「歴史」編として、主にインタビューから常民の歴史として再構成した。そして二〇〇〇年以降の変化は「現在」編として、社会が急速に市場化される過程を書いた。しかし、このまとめからもう七年もたっている。この間、二〇〇八年、二〇〇九年にインタビュー調査、二〇一〇年にはアンケート調査がなされている。ムラの老齢化にともない、これまでは考えられなかった労働力不足の問題、高学歴化による青年の他出の問題、富裕層の出現によるムラ社会の分裂がどの報告にも出てくる。農業が滅び、ムラがなくなるのか。そうではあるまい。空間がまるで違うものに変わるのではない。ムラと呼ばれる、変わらない「なにか」があり、その現れ方が時代の変化に対応していくのだ。その「なにか」はまだわからない。「なにか」の理解こそがバックコック報告第二版の主題だろう。

この二つの作業を終えれば、二〇一五年にはなっているだろう。私は古稀だ。

大全集

次の五年は、ベトナム語の『桜井教授全集《トアンタップザオスーサクライ》』の出版だ。長くベトナム人にベトナム語への翻訳を切望されていた重要な論文著作をすべてベトナム語に直し、ベトナムで出版する。もともと、私の業績は日本で評価されることがなかった。もっとも旧来の学問の方法に忠実に従った自信作『ベトナム村落の形成』（一九八七年、創文社）でさえ、個人はともかく、学界レベルで問題になることはなかった。以後、日本語でなにを書いても鳴かず飛ばずだ。しかし、ベトナム人は違う。私の業績を評価し、名誉博士やベトナム学賞までくれた。私の地域学授業には数十人の院生が出席し、聞きづらいはずの私のベトナム語を一言も聞き漏らすまいとがんばっている。学会に顔を出せば、ゲスト扱いになり、多くは壇上に座らされる。ベトナム人の博士論文の巻頭文を頼まれることもしばしばだ。つまり、恥ずかしながら、私はベトナムではまちがいなく敬愛されている。その評価と尊敬に対し、私はこれまで授業、小論文や学会発表でしか、自分の考えをベトナム語で伝えなかった。私の業績のすべてをベトナム人が読める形にしたい。もうその頃には、フィールドはさすがにつらかろう。翻訳なら座業でできる。五年、総掛かりにすれば、バックコック研究、『ベトナム村落の形成』、私の農学博士論文であるデルタ開発史など主要な仕事は、翻訳出版できるだろう。ベトナム側では私の友人や弟子たちがブラッシュアップをしてくれる。ベトナム国家大学ベトナム研究所は、次々と出版すると約束してくれた。

その次の五年

そしてまだ命があれば、次の五年には、ほかの論文の翻訳と、いよいよ二〇〇五年から続けているハノイ市民の歴史の執筆にかかる。これはもう最初からベトナム語で書こう。なぜなら地域学の最後・究極の目的は、地域の人々自らが、その生活している空間を理解することだからだ。私がもっとも尊敬する高谷好一先生は、退任したあとは、その生涯を費やした東南アジア研究ではなく、ひたすら近江の人のために近江を書き綴っている。そのいかにも日本の知識人らしい生き方は、うらやましいかぎりだが、私にはそれがベトナムなのだ。

小説「ベトナム人」

ここまでで、私は米寿を迎えている。「まだまだ命があれば」。このあたりから夢に心が燃え上がる。石井米雄先生の最後から二番目のメールに、「お互い超楽天家に生れついたようですので、のんびり行きましょう」とあったが、確かに私は楽天的にしか、未来を考えない。まだまだ命があれば、「ベトナム人」と題してパールバックの『大地』に並ぶような大河小説を書きたい。そこでは、今まで学術論文であるがゆえに言えなかったフィクションの世界を自由に押し広げたい。

最初の出だしはこうだ。一九四五年の春、紅河河畔の草小屋から、飢え死にした三歳の妹を抱いた、これも栄養失調の少年が出てくる。彼は天を仰ぎ、天を恨む。おお天よ《チョイオーイ》。のちに彼は闇に走り、共産党に入り、抗仏ゲリラを戦い、土地革命の指導者になり、合作社運動を展開する。この大地から二度と餓死者を出さない。それが彼の人生の課題だ。抗米戦争中は青年の消えたムラの生産を守りきる。抗米戦争後は党の統制政策では貧しさが救われないとして、政府に反抗を繰り返す。彼には子供が飢えることが我慢できない。逮捕される直前に合作社の自由化政策が始まり、そのままムラの指導者として働く。今はすべてから引退して、わずかな水田を耕しながら、昔と変わらぬ草小屋の中で、かわいくてたまらぬ青年たちの話をニコニコと聞いている。

そんな老至る理想主義者の一生を通じて、ベトナムの近現代史を描きたい。下手な社会主義童話のようなこの話、私はワープロではなく、この指に古い万年筆をはさんで、手を黒いインクに汚しながら、裏紙の上などに書きとめたい。それは学界に発表したり、他人に読ませるためではない、私のためだけの小説だからだ。

本年４月より３ヶ月のバンコク滞在の最後、在留の方々に送別会まで開いてもらった。本年７月、レヌカー邸で、妻と

24

オールウエイズ

長い、長いこの連載、この回で終わる。「オールウエイズ」、また「一つの太陽」というタイトル、いかにも評判の映画のもじりに見えて安っぽい。しかし、この題名で伝えたいことは、映画の「昭和伝説」とは関係ない。

この六七年間、人並みに挫折もし、鬱にもかかった。失業もし、貧乏に苦しみ、逮捕拘禁もされた。大学の職を失いかけた夜、妻と子供たちの寝顔を見ながら、一家心中というのはこういうときにするのだな、としみじみ思ったこともある。人間関係に深く傷ついて押し入れの中で呻吟したこともある。その度に、内にあってはよき親、よき兄姉、よき妻、よき子、外にあってはよき師、よき友、よき学生に引っ張り上げてもらった。海外でなにごとかあれば、必ずよきサマリア人が現れた。人生は人々の恩愛で、満ちあふれている。

そして私自身の上空には、いつも「地域学」という一つの太陽があった。

オールウエイズ《いつもいつも》、浪高しといえど、天気は晴朗である。今は漕ぎ出でん。

24

『一つの太陽――オールウエイズ』を読んで

高谷好一

『一つの太陽――オールウエイズ』大緊張をもって読ませていただきました。最も強く感じた事は、結局、貴君だけが、まともに地域学をやったのだ、ということです。センターにはずいぶんたくさんの人々が居りましたが、ほぼ全滅だったといわざるをえません。そんな中で、とにかく、ちゃんとした存在を世間にアピールできるのは、貴兄だけだ、と強く感じました。

最初はずいぶん苦労があったようですが、ベトナムに手がとどいてからは、一気にそれまでの努力が実ったという感じですね。それまでの貴兄の活動を詳しくは知らなかったのですが、今度『一つの太陽』を読ませてもらって、それがはっきり分かって感心しました。ひとりでもよい、世間に顔向けのできるような仕事をしてくれる人が出たことは、大変、嬉しいことです。もし、貴兄がいてくれなかったら、センターは総倒れということになったと思います。

結局、貴兄は最初から、あの不運の時から、本気だったのだと思います。他の人達はみな、お茶を濁していただけでした。今、反省すると、私も多分にそんなところがありました。しかし、貴兄だけは違った。それが結局は今の実りに直結しているのだと思います。

ありがとう。よく筋を通してくれました。

どうぞ、徹底的に筋を通して、今の道を歩んでいってください。お手伝いできるなんていう状況ではありませんが、最大限のエールだけは送りたいと思います。

貴兄に比べると、私はヤワでした。また不純でもありました。馬力も足りなかったようです。でも貴君の『一つの太陽』を読ませてもらってから、〝オレも遅ればせながら何とかせにゃ〟と考えております。たぶん私にできることは「生態の意味をつきつめて見る」ということです。今ひとつは「百姓とは何なのか」を考えることです。作品にはならないかも知れないけれど、これしかないと考えています。それと、せっかくやり出したことだから、Field Noteの整理を終えたいと考えています。

『一つの太陽』からは、大変なエネルギーを頂きました。私も頑張りたいと思います。それから、とにかく一人でもよい、まともに仕事をしてくれた人が仲間から出たこと、このことを大変、嬉しく思っています。

石井さんも、きっと天から、そのことを見ていて下さるに違いないと思います。
元気でやってください。

（これは高谷好一先生が『一つの太陽』の連載を読んで、その感慨を生前の桜井由躬雄氏に二〇一二年一一月一九日付け書簡で送られたものを、高谷先生のご了解をえて収録したものです）

桜井由躬雄先生とベトナム史・東南アジア史

桃木至朗

桜井さん（と親しみを込めて先輩からも後輩からも呼ばれていたので、ここでもそう書かせていただく）の、個別論文を除く初期の著作として、『史学雑誌』八五編一二号（一九七六年）に掲載された山本達郎編『ベトナム中国関係史』（山川出版社、一九七五年）への書評と、『東南アジア現代史Ⅲ』（山川出版社。石澤良昭と共著、一九七七年）のベトナムの記述が印象的である。前者は当時の東洋史学における、社会経済史などベトナムの内部事情に対する研究の不足を指摘し、後者は解放勢力側を正義としつつも、解放への賛美の代わりに膨大な死者への鎮魂を結びとしている。どちらも、一般的な視角の先を行く発想であったことが、やがて誰の目にも明らかになる。

パイオニアとしてベトナムのあらゆる時代と領域をカバーした桜井さんの、研究の中心はもちろん、ベトナムの村落と農民だった。卒業論文に始まり一九七三年から雑誌論文の掲載が始まった公田制と村落共同体の研究は、『ベトナム村落の形成』（創文社、一九八七年）

として、集大成された。超歴史的に議論されてきた「ベトナム伝統村落」の歴史性を説く同書は、日本の戦後東洋史学の達成を踏まえると同時に（この面での先達に、若くして研究を離れた酒井良樹がいた）、京大就職後に学んだ地域研究の手法も活用し、五月稲と十月稲の安定度の差、農民の流散などの斬新な論点を示していた。のちのバッコック村調査につながる旧南定省の地簿の研究も見逃せない。地域研究と農学の手法は、五万分の一地図を活用した紅河デルタ開拓史の研究（一九七九年から論文発表を開始）でさらに深められ、一九九〇年代にはバッコク村調査を軸とする「歴史地域学」へと広がってゆく。他方、農民と武装蜂起、国家権力の関係という修士論文（一八八五年文紳蜂起を扱う）のテーマが、ついに十分展開されなかったのは、学生運動の時代が去った後から見ても残念であった。

桜井さんの恩師である山本達郎先生は、あれだけの幅広い活動にもかかわらず東南アジアの通史・概説をほとんど書かれなかったが、若き日にセデスの『インドシナ文明史』を訳した桜井さんによる一連の東南アジア史の概説は、日本の歴史学界における東南アジア史の市民権獲得に多大な貢献をした。中でも画期的だったのは、石井米雄先生との共著『東南アジア世界の形成』（講談社「ビジュアル版世界の歴史一二」、一九八五年）である。港市国家ヌガラ、盆地農業国家ムアンなどの国家類型論と、交易および農業開発の展開を軸に近世までの東南アジア史を描き出したこの本は、各国史における社会経済史研究はあっても地域世界の歴史像は「上部構造」だけの「古代史」にとどまっていた、セデス的な東南アジア前近代史を一挙に刷新するもので、その後の海域史や近世史の研究にも、大きく影響した。唐宋変革期に始まり一三世紀に確立する中世という、「マルクス主義出身」らしい時代区分を掲げたこの本は、おそらく東南アジアの中世を論じた最初の書物と思われる。

東南アジア史にかかわる著作でもう一点、東京書籍の世界史B教科書（一九九四年が最初で、現在まで改訂出版を重ねている）の社会的意義も大きい。桜井さんが農耕文化を中心に世界の生態を描いた「世界史の舞台」を巻頭に配したこの教科書は、「受験用の暗記のための教科書」でなく「学界と世界の動きに合わせた教科書」で、なおかつ難関大学の受験にも使えるものを出そうという最近の歴史教科書の動きの、出発点となる一冊だった。通常の教科書ではインドや中国の付録として王朝名・国名を羅列するだけの東南アジア史のページで、農耕文化と交易を軸に、地域世界としての一体性・独自性を示していることは言うまでもない。

こうした研究や執筆以外に、桜井さんはオーガナイザーとして、卓越した才能を持っていた。農村調査、歴史情報学などを除いた狭義の歴史の研究・教育に関しても、東南アジア史学会、同関西例会や「漢籍を読む会」、そしてドイモイ初期のベトナム考古学者との交流や、ベトナム研究者会議での活動、また「岩波講座東南アジア史」（二〇〇一〜〇三年）の企画編集など、桜井さんの業績は枚挙にいとまがない。その多くが、そこにいた若手にとって、一生の思い出になった。中でも学界に対するインパクトが大きかったのは、一九七九年の「江南デルタ稲作シンポジウム」である。「宋代にデルタが大開発されて集約農業地帯になった」という中国文献史学の思い込みを、高谷好一らの農学者たちが粉砕したこのシンポは、戦後のマルクス主義日本史学を震撼させた「安良城ショック」にちなんで、中国史学界で「高谷ショック」と呼ばれた。中国が改革開放政策を開始すると、このショックを知る歴史学者たちがいちはやくフィールドワークをともなう地域社会の研究を提唱・実践し、明清史を中心とする中国史刷新の大きな流れを創り出す先頭に立った。

一九九四年にバッコク村総合調査が始まったころから、海域史やグローバルヒストリーも急速な勃興の時期を迎えた。桜井さんはこれには意識的に距離を置き、アンソニー・リードやリーバーマンらが牽引する大きな議論に参入するという方向性を犠牲にして、地域学とベトナム農民にこだわりつづけた。ベトナムでの名声にくらべ、世界の学界での影響が小さかったのはそのためである。学界における東南アジアの存在感の低下を食い止める方法としては賛否が分かれたが、自分の思想に殉じた生き方と言わねばなるまい。いずれにせよ、歴史学プロパーから離れなかった後輩たちの中にも、八尾隆生、上田新也や加藤久美子、大橋厚子など、フィールドワークによる村落文書収集や大縮尺の地図使用といった方法を用いて主要な研究成果を上げた者が含まれる。海域アジア史の旗を振った筆者とて、「猫も杓子も海域史」の状況に対しては、碑文を使った中世農村社会研究の業績を強調する。弟子は師匠の言うとおりにはしないが、それぞれのやり方で師匠のする通りにしている。これこそ桜井さんらしい「教育の成果」ではないか。合掌。

桜井由躬雄先生のベトナム学

古田元夫

『一つの太陽――オールウエイズ』を読んで改めて感ずるのは、いかに強く桜井由躬雄さんがベトナムを愛し、ベトナムもまたこの桜井さんの愛に応えていたかということだ。

ベトナムでは、教授はザオスー（giáo sư＝漢字で書くと教師）と呼ばれている。ベトナムの教授称号は、個々の大学ではなく、国家が与える称号で、この称号をもっている人は日本よりもはるかに少なく、人々の尊敬の対象になっている。一方、日本では周知のとおり教授はたくさんおり、ベトナム研究に携わっている日本人で教授はめずらしくなく、私などもベトナムでは「ザオスー　フルタ」と呼ばれる。ベトナムでも、日本の場合と同様、公的な会議などでしか「○○教授」という呼び方はせず、二人称で「ザオスー」を使うのは、相手を尊重はしているが、やや距離感をおいた場合が多い。だが、「ザオスー」が個人のニックネームとなり、尊敬と同時に親しみを込めて、ベトナム人や日本人の研究者仲間および学生を含めた後輩の間で使われるようになったのが、桜井さんだった。日本人研究者との交流が多いベトナム人や、日本のベトナム研究者の間で「ザオスー」と固有名詞をつけないで言う場合には、それは桜井さんを指していた。権威への抵抗を貫いた桜井さんも、ベトナム語で「ザオスー」と呼ばれることは受け入れておられた。

桜井さんが「ザオスー」たる所以は、二つあったように思われる。一つは、「ベトナム人よりベトナムのことをよく知っている」先生という、尊敬の念である。ベトナムの人々は誇り高い人々で、ベトナムのことはベトナム人が一番よく理解していると確信している人が、研究者の間でも多い。だから、外国人のベトナム研究者の話から学ぼうという姿勢は、一般には弱く、私の場合でも、ベトナムの研究機関から一九九〇年代に寄せられたレクチャーの要請の大半は、古田のベトナム研究についてではなく、日本ないしは日本とベトナムの関係に関するものだった。だが、桜井さんの場合は、ある程度の交際をもったベトナムの一流の研究者から、この外国人のベトナム論には傾聴に値するものがあると思わせる力があった。歴史学のファン・フイ・レ、チャン・クォック・ヴォン、考古学のハー・ヴァン・タン、農学のダオ・テー・トゥアン先生などはじめ、多くのベトナムの研究者から、こうした思いを寄せられたことが、桜井さんの「ザオスー」たる理由であり、また桜井地域学がベトナムで展開できた要因でもあったと思われる。二〇〇九年に桜井さんが、ベトナムのファンチューチン財団から、外国人のベトナム研究者として初めてベトナム学賞を贈られたのも、「ザオスー」のベトナム学への高い評価を世に示す出来事だった（本書[23]）。

桜井さんが「ザオスー」であったいま一つの理由は、地域学研究の成果の研究対象地域への還元に、きわめて熱意をこめて取り組んだことにあるように思われる。ここでいう還元には、二つのレベルがある。一つは、自らの研究成果を、その成果が生まれた地元の人々に伝えることで、バックコックの調査であればナムディンでのシンポジウム、ベトナム学全体であれば、ベトナム国家大学ハノイ校や南部のビンズオン大学をはじめとするベトナムの大学や研究機関でのレクチャーなどがこれにあたる。

いま一つの還元は、地域学という学問は、地域の全体構造を理解する学であり、その地域の個性を理解し、その地域にふさわしいその地域固有の「開発」を提起できる（一九九八年「開発と地域学」二〇四頁）という信念に基づく、「開発」という場への研究成果の還元である。

桜井さんは、日本からベトナムへのODA供与が本格化したばかりの一九九四年に国際協力事業団（JICA）に設けられた「ヴィエトナム国別援助研究会」に参加し、これに続いて一九九五〜二〇〇一年にJICAが実施した「ヴィエトナム国市場経済化支援開発政策調査」（石川プロジェクト）に加わり、ベトナムのあるべき開発のあり方をベトナム側の専門家と共に検討し、それに見合った日本の対ベトナム援助政策への提言を行なった（本書[19]）。

桜井さんは、これらのプロジェクトで、農村、特に紅河デルタにおける貧困問題を改善し、社会サービスの低下をふせぐ必要を説き、それはベトナムの事情には疎い開発学者にもかなりの説得力をもった。

桜井さんは、こうした開発に関わることの「いかがわしさ」は十分に自覚していた。にもかかわらず、あえて開発の最前線に関与したのは、フィールドワークの過程で接したベトナムの人々の「豊かになりたい」という切実な願いに応えたいという思いからだった。このような桜井さんの思いは、ベトナムの人々にも確実に伝わっていた。

ベトナムにおけるドイモイの開始は、単に外国人研究者によるフィールドワークを可能にしたというだけでなく、ベトナムの社会人文科学が、社会主義という人類普遍の理念にベトナムをどうつなげるのかということから、ベトナムの個性を探求することへ力点を移したという点でも、桜井さんの地域学の展開には有利に作用した。

このようにベトナムの現実と切り結ぶ中で、桜井さんは、現代ベトナム研究でも、その最前線を担うようになった。二〇〇〇年代、地方都市近郊にも工業区が建設されるようになると、それまで大都市圏で働いていた農村出身の青年労働者が、故郷に戻り地元で就労するという現象が広くみられるようになった。実家の農家から朝、工場に出勤し、夜は実家に帰ってくるという在郷通勤型の就労を、桜井さんは「サン・ディー・トイ・ヴェ」(sáng đi tối về 朝行き、夜帰る)と呼び、集団農業解体後も、一部農家への土地集中がおこらず、大半の農家が自家消費米の生産は可能な程度の農地をもっている農村の状況が、こうした型の就労を広げているという指摘を二〇〇九年に行なっている。これは、農業と工業、農村と都市双方を視野に入れた、現在のベトナム社会の核心にせまる指摘だった（本書21）。「ザオスー」を失った損失は大きいが、「ザオスー」が残した地域学という「太陽」は今日もベトナムの大地を照らしている。

桜井由躬雄先生から学んだ地域情報学

柴山　守

昨年（二〇一二年）一二月一日、ANGIS（アジア地理情報学会）国際会議が開催された。そこで私は、石井米雄説（「スコータイを通過する「東西回廊」に関する覚え書き」『東南アジア―歴史と文化―』№38、五―一二頁、二〇〇九）をもとに王道研究、ドヴァーラヴァティー遺跡、クメール遺跡をGIS（地理情報システム）上でマッピングし、「東西回廊」を再考する報告を行なった。その直後に案の定、桜井先生（以下、親愛なる同僚として桜井さんと呼ばせていただくことにする）から質問がでた。「ドヴァーラヴァティー期の話がなかったが何故か」。自ら気がついていたものの見抜かれてしまった。ひとつは「なぜ、既に議論した桜井仮説に触れなかったのか」。もうひとつは「情報学で新たに何が判ったのか。何を判ろうとしたのか」との意味である。つまり、桜井さんのことばでいう「心眼に対して情報学からの秩序だて」に踏み込んでいない、との批判である。このやり取りが日本語なら、「バカ者、俺と何年つき合っているのか」と叱責されたに違いない。桜井さんの心眼のもとになる情報は、多いどころか少なくてマッピングにはおよばない。しかし、限られた情報をもとに仮説を導く桜井さんの深い知識と洞察力、推論能力は、けた外れである。時たま「あれ」と疑問に感ずることもあるが。一方、心眼に科学的な根拠を与えるために、情報学は計量的に相応しい量と質のデータを必要とする。定性的には、構成要素の一定の関係や規則を見いださねばならない。今回の質疑応答は、両者の関係を象徴的に示した。それが最後の会話となるとは思いもよらなかった。そして、この直後タイ国文化省芸術局から約四〇〇〇箇所にものぼる遺跡資料が入手できた。皮肉なことである。桜井さんは、一二月二〇日からハノイでの集中講義に向う。そのために、遺跡資料や渡航の打合せもあって、一八日午前一〇時ご自宅に電話を入れた。そこで先生の急逝を知ることとなり、言葉を失った。

地域情報学は、二〇〇三年後半から京都大学東南アジア研究センターにおいて提唱された地域研究の新たな研究手法のひとつである。それは、どこにでも見られるデータベース構築やソフトウェア開発などを意味しない。地域の「前線」において地域を理解することを目指す。これまで経験したことのない情報学の手法であり、その事例を一刻も早く示す必要があった。私のハノイとの往来が始まった頃、ノイバイ空港でバッタリ出会った約一〇年ぶりの桜井さんとの再会が、情報学を介して今日に至る関係を築くこととなる。一九八二年から約六年間センターの同僚であったから「声が高く、同僚であっても遠慮なく叱り、時には相手を馬鹿にする。そして貶す」。また、「納得いくまで議論する。その手綱を緩めることはない」。さらに「新しいことには必ず向き合う」こと。居酒屋に出向くと「インター」の歌声が飛び出し、持論をぶちまける。その性格は百も承知であった。新たなプロジェクトをおこすには、相手の領域に土足で入り込むぐらいの度胸と馬力が必要である。手綱を緩めない議論と実践への導きを求めるには、桜井さんをおいて余人はなかった。

二〇〇五年から五年間のハノイ・プロジェクト（「ハノイ都市形成過程研究」）では、予期しなかった暗中模索の苦しい日々の連続となった。センターで、メガ都市を対象にした研究事例はこれまでにない。特にベトナムとは交流や人脈も希薄であったから、なおさらである。プロジェクトが始まって直後のことである。最も肝心な地図がない。情報学ではケリがつかない、と見た桜井さんは奇想天外な地図の作成に打ってでた。学生達に南から北、東北、東方向に歩いてもらい、歩幅や脚にかかる重力の感性をもとに標高を「測定」したのである。そして、西湖東北部の紅河堤防からからホアンキエム湖に向う標高値を含む三次元地形図を完成させた。コンピュータ上で「塗り絵」をし、誇らしげに他人に見せる先生の顔は、まるで少年のようであった。デジタルを本質とする情報学からみれば、その「測定」は邪道である。ところが、この方法が、後に情報を「よむ」ことへの原点であることに気づかされる。プロジェクトが三年を経過した頃、桜井さんは旧市街の遺蹟を求めて、悉皆調査を始めた。各居宅の中まで入り、碑文が刻まれた石塊を発見しては解読した。「貴重な碑をまな板や壁の材料として使っていた」「歴史家は一体何を考えているのか」と顔を真っ赤にしながら憤慨した。その直後に、桜井さんは一転してハノイ中心部全域の遺蹟拓本の収集に努め、そしてデータベース化への道を選んだ。メガ都市に対する情報の「量」と「範囲」を如何に征服するか、その判断に苦慮されたことがうかがえる。その後、バックコックでの経験がハノイで再現される。桜井さんは、個人史の聴き取り調査に入った。キムリエン地区から始め、比較研究を行なうと言って、貧困層、富裕層、中流層の地区を設定し、調査が開始された。ところが、「都会は規模が違う」とポツリ。弱音をはく桜井さんはこれまで見たことがない。『一つの太陽』にその思いが記されている。一方で、ハノイでの経験を介して、大量データを「スマート」にこなす情報学が必要だと直感されたことも事実である。情報学が地域を理解しようとする際に、「手法ありき」で考えると研究は必ず失敗する。地域学である心眼を見いだすなら、情報学では別の側面から新たなものが見えるか、その挑戦になる。その際に最適な手法を想定し、試行錯誤を繰り返す。そして、その過程を地域学に提示する。それでも解が出る保証はない。情報学の視点はそうあるべきだ。桜井さんから学んだ「実践型」地域情報学である。桜井さんは、またコンピュータの達人を目指して挑戦したかった、とも感ずる。「コンピュータは文句を言わないしね」と幾度も耳にした。印象的な言葉である。昨年から手をつけられた「東西回廊」の研究は、石井先生の研究手法を浮かべ、対比しながら自らの東南アジア史をまとめる一環と位置づけられたに違いない。「クメール遺跡の一〇〇年前の研究成果を手始めにマッピングを進めよう」と、昨年六月バンコク連絡事務所で議論した半年後に先生は逝ってしまった。地域情報学にとっても先生の損失は計り知れない。地域学と情報学との関係が「半信半疑」で終わらないよう、また先生の意志にどれだけ近づけるか、未熟ながら研究を続けるしか道はない。合掌。

桜井先生とバックコック研究

柳澤雅之

二〇一三年のテト（旧正月）があけ、冬春稲の田植え作業がほぼ終了した二月二八日、バックコックの村の人に、桜井先生の急逝を報告しに行った。村では、社の書記ゴアンさん、主席ホエーさん、合作社主任クイさん、副主任ディンさんが、少し神妙な面持ちで待っていてくれた。普段は着ていない背広を着ていたのは、桜井先生を偲ぶ会で紹介するビデオレターを収録させてもらうためであった。

思い返せば、桜井先生がバックコック研究を始められたのが一九九四年。今年はちょうど二〇年目にあたる。この二〇年間は、ベトナム農村の激動の時代であった。それまでの社会主義的な集団農業の時代から市場経済体制に移行し、村は大きな社会経済的変化を余儀なくされた。バックコック研究も、とどまるところを知らない村の急激な変化を追うことに多くのエネルギーを割いた。自家消費用のコメの生産性を合作社ぐるみで高めながら、わずかな砂質土壌の農地で生産される野菜をこまめに販売し現金を得ていた時代から、工業区や都市での出稼ぎ労働や非農業生産が重要な現金収入源となった時代に変わった。農家世帯の経済構造が変化し、社会生活にも変化が起きた。社や合作社、老人会や農民会などの大衆組織、近隣の互助的な集団を含め、村落組織の役割も大きく変化した。バックコック研究では、一九九五年から五年ごとにひとつの集落で網羅的な家計調査を実施し、世帯レベルでのこの急激な変化を追いかけてきた。

土地問題でいえば、世帯レベルでの農家経営が実質的に可能となった八〇年代から農地の分散錯圃が潜在的に進展し、九三年土地法により正式に土地使用権が世帯ごとに分配された。分散錯圃はこの頃がピークに達し、その後は、二〇〇三年と二〇一三年に交換分合が進んだ。それにより、九三年に世帯ごとに七～九筆もあった農地が、二〇〇三年には四～六筆程度、二〇一三年には世帯当たり二筆にまとめられた。桜井先生が最後にバックコックを訪れた二〇一二年九月、この交換分合の実際の過程を調べたいという希望を先生は述べられていたという。文学部に提出した博士論文でバックコックの地簿を研究対象として以来、土地問題はベトナム村落研究における桜井先生の重要な関心事のひとつであった。私がバックコックを訪問した二〇一三年二月二八日は、交換分合が社レベルでちょうど終了し、社の幹部もほっと一息ついていた時期であった。

バックコック研究の中で桜井先生は、現代の変化にのみ焦点をあてていたわけではなかった。村の古老にインタビューし、第二次大戦前からの歴史の中でバックコックの歴史を理解しようとしてきた。もっといえば、史料に現れる前近代からの連続的な歴史の中でバックコックを理解しようとしてきた。『一つの太陽――オールウエイズ』本文でも少し触れられているが、福井捷朗先生が東北タイで実施されたドンデーン村研究を超えたいという思い、そのためには村人ひとりひとりの歴史的経験と村構造の変化とを有機的に結びつけて理解したいという思いからであった。古老の歴史的経験が、事件史によるベトナムの歴史とは大きく異なることを、随分と楽しそうにおっしゃっていたことを思い出す。

前近代から現代までの急激な変化の中で、変化するものと変化しないものとをどう理解するかがバックコック研究のキーになると考えておられたと思われる。たとえば、土地が分散錯圃され交換分合が何回か行なわれたが、平等の原則は変わらなかった。変わったのは平等の具体的な基準であった。バックコック研究を開始した九〇年代初頭から、社と合作社の主要な幹部は変わっていない。人が変わっていないだけでなく、村の全体的な向上と安定を目指すという、村に対する幹部の姿勢にも変化はなかった。変わったのは、村の具体的な運営方法であった。前近代から現代までのバックコックにおける急激な変化の背後にある根源的な変化と非変化を総合的に理解することがバックコック研究の課題となっていた。

桜井先生は『一つの太陽――オールウエイズ』本文の最後のほうで、二〇一五年までの課題としてバックコック研究をまとめることをあげ、その主題を次のように記載されている。

「バックコックムラ報告の最大の問題は、すさまじく変わり、今なお変わりつつある社会をどのように理解し、記述するかだ。（中略）農業が滅び、ムラがなくなるのか。そうではあるまい。空間がまるで違うものに変わるのではない。ムラとよばれる、変わらない「なにか」があり、その現れ方が時代の変化の対応していくのだ。その「なにか」はまだわからない。「なにか」の理解こそがバックコック報告第二版の主題だろう」

老練な歴史家がしたためたというよりもむしろ、バックコック研究から新しい何かを見出そうとする若々しい意志表明に似たこの文章から伝わるのは、前近代からの歴史と現在の急激な変化の背後にある根源的な「なにか」を理解しようとする桜井先生の、いつまでも変わらない探究心であろう。

社書記のゴアンさんは来年、定年退職の予定である。合作社のクイさんもディンさんも五七歳となり、まもなく引退する。変化と非変化の両方をバックコック研究は追求してきた。村の歴史を村に生きる人と共有するところまでバックコック研究は到達した。桜井先生の言うとおり、この変化と非変化をどう理解するかが次の課題であり、そのための機は熟した。このタイミングで桜井先生は急逝された。先生の成果と意図を私たちの世代が継承する必要があろう。ビデオレターの中で合作社主任のクイさんは、バックコック研究はいまだ終わっておらず、桜井先生がいなくなってもバックコックの村の人はその研究をサポートし続けると言ってくれた。桜井先生がどれほど感激しているだろうかと思う。桜井先生が残された遺産はベトナム村落研究にとっても、バックコックの村人との人間関係においてもあまりにも大きい。その膨大さに今はまだ呆然とするばかりである。しかし、まさに「漕ぎいでん」。それが私たちの希望でもあるからだ。

村に帰った冒険ダン吉：桜井由躬雄君

レヌカー・ムシカシントーン

桜井由躬雄氏とタイ国日本人会機関誌『クルンテープ』との縁は、二〇一〇年二月、急逝された石井米雄先生の追悼特集に執筆をお願いしたのがきっかけである。「恩師石井先生」は二〇一〇年七月号から九月号までの連載であったが、自他ともに石井先生の一番弟子と許す桜井由躬雄氏の文は東南アジア学の系譜記録としても興味深く、読みでがあった。もう少し書いていただいたらどうだろう。丁度その頃、同誌では村嶋英治先生の「タイの日本人」の連載が始まっていた。村嶋先生の連載をディテールを書き込んだ「静物画」としたら、桜井先生には動画：東南アジアを舞台に走る冒険物語を書いていただこう…。当時、同誌の編集長をしていた私は編集会議で図り、桜井氏にお願いした。承諾していただいた時は　少し得意であった。思いもよらなかった。その連載が二〇一二年一一号まで続き、完了の翌月に桜井氏が急逝なさるなどとは…。

桜井由躬雄氏ときけば、「東南アジア」と言う人が多いのはタイでの話だけではないであろう。石井米雄先生と共著の『東南アジア世界の形成』(一九八五年)は一世を風靡したと言っても誇張ではない。東南アジアという言葉の定義からして(今は色々あるようであるが)、マウントバッテン卿の東南アジア方面軍から始まる桜井氏の話は新鮮であった。当時、バンコク国立博物館日本語ヴォランティアー仲間の勉強会、また自分が主宰する勉強会で、私はこの書物を教科書に使った。ブリー、ナガラ、ムワンの国家タイプの定義は、それまでの「叙述的な」東南アジア学からの分水嶺であった。机上での議論を遺跡を訪ねて実地に応用して遊んだバンコクの青年少女たちは、今は六〇代である。平成の青年たちもまた、二〇一二年七月タイ国日本人会教育部が京都大学東南アジア研究所バンコク連絡事務所と共催で開いたセミナー「東南アジアとは」で、桜井先生の大講義に聞きいった。知的大衆への東南アジア学啓蒙という面で桜井由躬雄氏が果たした役目は、余人を持って代え難い。ここまで書いたからには、敢えて付け加えよう。分水嶺の始まりは、六〇年代に出版されたジョルジュ・セデスの『インドシナ文化史』(みすず書房)である。当時の流行語で言えばまだ「特殊」particular な学問領域であったインドシナについてのセデスの著書は、訳者の一人であった桜井由躬雄氏の漢籍参照の注を得て、「普遍」universal な世界に開かれた。原著＋＋と言わせていただきたい。

桜井氏の学問の魅力は、明確な定義、筋を立てた論理の展開、よく調べた背後事情の裏づけ、起承転結のダイナミックスである。現地に行って読むと、文章が更に意味を持つのは、実地の体験と見識に裏付けられているからだ。氏はよく口にされていた。目に浮かべられないことは書くな、読んでも信じるな！　縮尺五万分の一の地図の世界が好きな桜井氏であった。私が長年たらたらと調査しているルーイ県ダーンサーイ郡ダーンサーイ村周辺は、その五万分の一の地図がまだ公表されていない地域である。村がどんな山々に囲まれ　どこから流れる川の扇状地に形成されたか。往来の道はどうであったか…。何度話して書いても、桜井君はだめだという。「あなたはエッセイしか書けない人だよ」といわれ、別にこの人に師事したわけではないから、フン…と思ったが、逝かれた今はダーンサーイ村概観を桜井風に書き直そうかとも思う。そういった意味では氏は誠意ある良き教師でもあった。

それにしてもあの博識。エンサイクロペデイア・サクラニカという造語も聞いたが、氏を博識というのは失礼かとためらってしまう。ある勉強会で華僑の製糖業について聞かれて、潮州人の製糖法について体系的知識を披露し、その上で自分は専門ではないからと、さらなる照会先を教えたこと。幼馴染で私より若い桜井君を評して、私はよく「生意気」という表現を使ったが、こんな時の桜井君は素人相手に実に謙虚であった。

博識であるから、謙虚だから、聴衆の質問に誠実に耳を傾けるから、桜井由躬雄氏というと、皆でみつめる知の地平線はさらに広がっていく。聞く方も桜井さんに聞けばなんでも分かる感があって、いろいろな質問が出る。心に残っているのはアンコール・トム内のバヨン寺院南回廊の壁の彫刻パネルについての議論である。トンレサップ湖での水上戦で、長い束髪はクメール兵、柿のへたのような帽子をかぶって目がつり上がった顔が襲来してきたチャム兵だと説明されてきた。でも、このチャムはベトナムに数ある白藤江で泥海にはまった元の兵隊に限りなく似ている…。「チャムとしたら、どんなチャムパでしょう?」「チャムパにもいろいろあるのですよ…。でも、それは本当にトンレサップ湖での話なのかね」「鰐の絵がありますよ。あんなの海にはいないでしょう」。いつか一緒にアンコールに行って、船の形を調べようと言っていたのに、それもかなわぬこととなってしまった。

チンホーについても、宿題は残ったままである。ダーンサーイのチャオムワン（国司）プラケオアサーと一族郎党は、ラーマ五世の挙兵に応じて、義勇軍としてルアンパバーンに出兵し、一〇年近く国の外で暮らす。「ルアンパバーンのチンホーは白タイの首長が中心だというけれど、シェンクワンの黄旗軍はあそこへ行かなかったのですかね? ダーンサーイの男たちは誰と戦ったのでしょう?」。かつてチンホーを「一九世紀当時南中国の各地に生まれつつあった反清朝系の武装集団の南下」と定義した桜井氏は考え込んでいたが、分からないとはいわなかった。後になって、プラケオアサーの落とし胤と名乗る男がはるばるスパンブリーからダーンサーイまでやってくる話をしたら、目を輝かした。「ルアンパバーンとはまったく逆の方向で、それに遠いし…。当時、スパンブリーではアンジーの乱がありましたが、そんな遠くまで行ったのですかね」「ありえますよ！　彼らは傭兵だったのですよ！」桜井君はすでに関の町「ダーンサーイ」「辺境のチャオムアン」を自分の「一九世紀の東南アジア内陸部」の図式の中に組み入れて、肉付けを行なっていた。私が提供した断片的情報はその図式にぴったりとあって、「ラーマ五世治世下の辺境の町ダーンサーイから繰り出す傭兵団」という構想となった。桜井君は一九世紀の東南アジア全体を鳥瞰し、ある村の歴史をそれに照らして考えることの出来る人であった。石井先生は「アユタヤ建国一三五〇年というペーダーン・クワームキット（発想の壁）を外せ」というチット・プーミサクの言葉をよく引用なさったが、桜井氏もまた国別の歴史の狭い意識、発想の壁を外して広い視野を示してくれた。

近年の桜井氏は地域情報学に夢中になっていた。バンコク国立博物館ヴォランティアー日本語ガイドグループ相手に最後に行なった講義「王道」も情報地域学手法の調査の成果であった。西へ行かずに、東北へ行けばチャムパへの道が分かったのに…。でも　そこでは情報地域学の手法が使える資料がなかったのであろう。その前日の講義の演題は「南海の華人夢王国」で、タークシン王と莫氏一族の葛藤が語られた。これも一〇年前の桜井氏なら、シャム湾の海賊たちの冒険譚を目を輝かして語ったろう。桃木先生が書いておられるように海の世界とは「意識的に距離を置いた」桜井由躬雄氏であった。

しかし南海の歌を歌わなくなった桜井由躬雄氏を惜しいとは、私は言わない。もし時間が許せば、一五年前に歌っていたろう。岩波講座『東南アジア史3』添付の月報3にLi Tanaが寄せた「一八世紀末のメコンデルタと海のフロンティア」には、その理念組立に由躬雄氏が関わっていたことが示唆されている。しかし、由躬雄氏は既にバックコック村にコミットしていた。土に生きる農民の世界である。『一つの太陽』の中で由躬雄氏が「村を離れていく」東南アジア学の傾向について福井捷朗教授の述懐を聞くエピソードは一九六〇〜七〇年代に青年であった読者たちの胸に不思議な共感を呼び起こす。

七〇年代の日本で深く学生運動に関わった桜井由躬雄氏は当然のこととして「村に戻る」ことを決めたのだった。それは所詮シティボーイの憧憬であったかもしれない。彼の学識、能力そして集中力を持ってすれば、もっと容易に、確実に達せたであろう、そしてもっと一般に分かり易く受け入れられたであろう研究業績への道はこれで閉ざされた。しかし、あえてこの道を選んだところに、桜井由躬雄の桜井由躬雄たる所以がある。青年の志は壮年となっても彼の中に生きていた。東南アジアの冒険ダン吉は、聡明なだけでない。博識と能力に助けられて、学問を楽しんでいただけではなかった。深い哀切の念とともに彼の死を悼みながらも、「integrity の男」桜井由躬雄氏に畏敬の念を新たにするのである。

桜井由躬雄（さくらい　ゆみお）

【略歴】

1963年3月　東京学芸大学付属高等学校卒業
　　　4月　東京大学教養学部文科三類入学
1965年4月　東京大学文学部東洋史学専修課程進学
1967年3月　東京大学文学部東洋史学専修課程卒業
　　　4月　東京大学文学部東洋史学専修課程研究生
1968年4月　東京大学大学院人文科学研究科東洋史専門課程修士課程入学
1970年9月　東京大学大学院人文科学研究科東洋史専門課程中途退学
1971年4月　東京大学大学院人文科学研究科東洋史専門課程修士課程再入学
1972年3月　東京大学大学院人文科学研究科東洋史専門課程修士課程修了
　　　4月　東京大学大学院人文科学研究科東洋史専門課程博士課程進学
1977年3月　東京大学大学院人文科学研究科東洋史専門課程博士課程満期退学
　　4月　京都大学東南アジア研究センター助手
1983年12月　京都大学東南アジア研究センタ - 助教授
1990年4月　東京大学文学部東洋史学科助教授
1994年4月　東京大学文学部東洋史学科教授 1995年4月東京大学大学院人文社会系研究科教授
2007年3月定年退職東京大学名誉教授、放送大学客員教授、京都大学特任教授、ベトナム国家大学客員教授

【博士号】

1989年3月　東京大学文学部より文学博士号取得
1992年3月　東京大学農学部より農学博士号取得
2003年9月　ベトナム国家大学より名誉科学博士号授与

【受賞歴】

2003年3月　ベトナム社会主義共和国大統領より友好徽章授与
2009年3月　ベトナム・ファンチューチン財団より第1回ベトナム学賞受賞

【研究業績】

⑴ 論文

1973 年 11 月 「洪徳均田例に関する史料紹介 (1)」『東南アジア 歴史と文化』3、106-116 頁。

1974 年 11 月 「洪徳均田例に関する史料紹介 (2)」『東南アジア 歴史と文化』4、100-123 頁。

1975 年 3 月 「永盛均田例の周辺」『東洋学報』56-2·3·4、211-248 頁。

12 月 「ヴェトナム中世社数の研究」『東南アジア 歴史と文化』5、14-53 頁。

1976 年 7 月 「永盛均田例の研究」『史学雑誌』85-7、1-44 頁。

11 月 「19 世紀初期ヴェトナム村落内土地占有状況の分析—嘉隆 4 年山南下鎮地簿を中心として」『東南アジア 歴史と文化』6、32-61 頁。

12 月 「ハノイ—唐代·長安の制に倣う」『朝日アジアレビュー』7-4 (28)、158-164 頁。

1977 年 3 月 「嘉隆均田例の分析」『東南アジア研究』14-4、513-539 頁。

12 月 「19 世紀初期ヴェトナム村落内土地占有状況の分析再論—Nguyễn Đức Nghinh 氏の 4 論文の紹介と批判、及び山南下鎮における展開」『東南アジア 歴史と文化』7、104-130 頁。

1978 年 3 月 「黎朝下ヴェトナム村落における漂散農民の分析 (I) 上」『東南アジア研究』15-4、552-572 頁。

6 月 「黎朝下ヴェトナム村落における漂散農民の分析 (I) 下」『東南アジア研究』16-1、136-156 頁。

1979 年 "The Change in the Name and Number of villages in Medieval Vietnam", *Proceedings of the 7th IAHA Conference, International Association of Historians of Asia,* Bangkok, pp.1347-1370 (*Social Sciences* 7 · 8, Committee for Social Science SRVN, Ha Noi, 1986 に転載)

4 月 「在泰京越南寺院景福寺所蔵漢籍字喃本目録」『東南アジア 歴史と文化』8、73-117 頁。

6 月 「雒田問題の整理—古代紅河デルタ開拓試論」『東南アジア研究』17-1、3-57 頁。

1980 年 3 月 「10 世紀紅河デルタ開拓試論」『東南アジア研究』17-4、597-632 頁。

9 月 「李朝期 (1010-1225) 紅河デルタ開拓試論—デルタ開拓における農学的適応の終末」『東南アジア研究』18-2、271-314 頁。

12 月 「明命均田例の周辺」『東洋史研究』39-3、1-33 頁。

1981 年 11 月 「糧田制の研究—19 世紀ヴェトナムにおける兵士職田の成立』『南方文化』8、1-48 頁。

1982 年 "An Essay on the Economic Life of Desa Pallime in South Sulawesi" Matulada and Narifumi Maeda ed., *Villages and the Agricultural Landscape in*

South Sulawesi, Center for Southeast Asian Studies,Kyoto University, pp.213-236.

「東・東南アジアにおける割替制の分布と展開」渡部忠世編『南西諸島農耕における南方的要素』（文部省科学研究費補助金一般研究 B 研究成果報告書）、125-156 頁。

9 月　「18 世紀および 19 世紀初期紅河デルタにおける流散村落の研究」『東南アジア研究』20-2、285-306 頁。

1984 年 "Tank Agriculture in South India: An Essay on Agricultural Indianization in Southeast Asia" S.D.G. Jayawardena & Narifumi Maeda ed., *Transformation of the Agricultural Landscape in Sri Lanka and South India*, Center for Southeast Asian Studies, Kyoto University, pp.117-158

12 月　「ベトナム（近・現代）」『アジア歴史研究入門 5 南アジア・東南アジア・世界史とアジア』同朋舎、455-487 頁。

1986 年 3 月　「東南アジア前近代国家の類型的考察」石井米雄編『東南アジア世界の構造と変容』創文社、207-232 頁。

1987 年 5 月　「ベトナム紅河デルタの開拓史」渡部忠世編『稲のアジア史 2 アジア稲作文化の展開―多様と統一』小学館、235-276 頁。

1989 年 12 月「陳朝期紅河デルタ開拓試論 1―西氾濫原の開拓」『東南アジア研究』27-3、275-300 頁。

1990 年 11 月「近代と前近代を分けるもの―ヘルメス神の栄光」　矢野暢編『講座東南アジア学第 1 巻 東南アジア学の手法』弘文堂、208-243 頁。

1991 年「陳朝期紅河デルタ開拓試論―新デルタ感潮帯の開拓」坪内良博編『集落人口の性格と変動に関する比較社会学的研究』（文部省科学研究費補助金一般研究 B 研究成果報告書）、70-90 頁。

3 月　「ベトナム社会主義経済の変質」吉原久仁夫編『講座東南アジア学第 8 巻 東南アジアの経済』弘文堂、310-344 頁。

4 月　「大陸東南アジア農業のインド化―都市と農村のはざま」石井米雄編『講座東南アジア学第 4 巻 東南アジアの歴史』弘文堂、65-111 頁。

7 月　『王国』の崩壊―1885 年ベトナム大反乱」矢野暢編『講座東南アジア学第 9 巻 東南アジアの国際関係』弘文堂、55-82 頁。

7 月　「東南アジアの近世」朝尾直弘編『日本の近世 1 世界史のなかの近世』中央公論社、305-354 頁。

1992 年 6 月　「陳朝期ベトナムにおける紅河デルタの開拓―新デルタ感潮帯の開拓」石井米雄他編『東南アジア世界の歴史的位相』東京大学出版会、21-45 頁。

12月「20世紀の東南アジア」『情況』1992年12月号、6-23頁。

1994年7月 「ベトナムにおいて新たに公開された漢籍資料について」『東方学』88、158-166頁。

9月 「東南アジアの生態的枠組み」池端雪浦編『変わる東南アジア史像』山川出版社、22-46頁。

1995年1月 「ベトナム紅河デルタ村落研究報告—東南アジア地域辺境としての人口緻密地帯」 桜井由躬雄編『百穀社通信』1、1-25頁。

3月 「辺境と集団性—紅河デルタ村落報告」『総合的地域研究』8、10-18頁。

3月「江南農業の過去と現在」『水田稲作農業の生態的考察—日本水田、稲作農業の生態的考察研究会報告』財団法人日本農業研究所、64-83頁。

7月 「ベトナム」フランク·B·ギブニー編『ブリタニカ国際大百科事典16』ティービーエス・ブリタニカ、766-775頁。

10月「ベトナムの仏教」『大法輪』62-10、140-142頁。

10月「世界の稲作地域と文化」吉川弘之ほか『東京大学公開講座 コメ』東京大学出版会、115-148頁。

1996年2月 「95年採集ソムB集落に関するベーシックデータ」桜井由躬雄編『百穀社通信』5、1-114頁。

7月 「紅河デルタ水利調査報告」(河野泰之・柳沢雅之と共著) 桜井由躬雄編『百穀社通信』5、158-168頁。

8月 「1996～2000年5ケ年計画に関する農業問題への提言」国際協力事業団『ヴィエトナム国市場経済化支援開発政策調査報告書第5巻』35-40頁。

8月 "Proposal for Addressing Agricultural Problems in Five-Year Plan (1996-2000)" *The Economic Development Policy in the Transition toward a Market-oriented Economy in the Socialist Republic of Viet Nam* 5, Japan International Cooperation Agency, pp.37-44.

11月 「陸域と海域」『歴史学研究』691、2-14頁。

11月 "Dry Areas in History of Southeast Asia" 池本幸生編『東南アジア・ドライゾーンの地域形成と発展』(総合的地域研究成果報告書シリーズ30—地域発展の固有論理(3))、19-28頁。

11月 "Village Formation Process in Isan from Oral tradition: A Case Study of Amphoe Mahachanachai, Chanwat Yasothon" 池本幸生編『東南アジア・ドライゾーンの地域形成と発展』(総合的地域研究成果報告書シリーズ30—地域発展の固有論理(3))、165-186頁。

12月 "Thử Phác Dựng Cấu Trúc Lịch Sử của Khu Vực Đông Nam Á (thông

qua mối quan hệ giữa biển và lục địa)" *Nghiên Cứu Đông Nam Á Southeast Asian Studies* 4, pp.37-55.

1997年 "Peasant Drain and Abandoned Villages in the Red River Delta between 1750 and 1850" Anthony Reid ed.,*The Last Stand of Asian Autonomies*, London, pp.133-152.

"Vietnam and the Fall of Ayuthaya" *Tập San Khoa Học Xã Hội và Nhân Văn Annals of the Social Science and Humanities Ho chi Minh University* 2, pp.1-22.

2月 「合作社の経営危機―「弱い」合作社ということ -96年ヴィンフ - 省合作社調査報告から」 桜井由躬雄編『百穀社通信』6、6-50頁。

2月 「10号指示以前の生産隊―旧生産隊幹部からの情報」(岩井美佐紀と共著)。桜井由躬雄編『百穀社通信』6、72-85頁。

2月 「バックコックの村内社会インフラ」桜井由躬雄編『百穀社通信』6、1997年、86-95頁。

3月 "An Essay on the Historical Structure of Southeast Asia" *Proceedings of the International Symposium Southeast Asia: Global Area Studies for the 21st Century*, Kyoto University, pp.105-124

7月 「東北タイにおける村落の形成―ヤソートン県マハーチャナチャイ郡における村落形成伝承について」『東方学』94、81-64頁。

10月 「地域学とアジア」『午餐会・夕食会講演特集号』学士会、170-183頁。

11月 「ベトナム紅河デルタにおける水田開発の史的展開」『国際農林業協力』20-7、19-32頁。

1998年3月 "Village Formation Process in Isan from Oral Tradition" 加藤久美子編『タイ国東北部および北部におけるオーラルヒストリーに基づく村落史の研究』(文部省科学研究費補助金国際学術研究研究成果報告書)、6-57頁。

4月 「開発と地域学」川田順造他編『岩波講座開発と文化 7 人類の未来と開発』岩波書店、201-224頁。

6月 「コックタイン合作社の老人たちの生涯 (1)」(嶋尾稔・Vu Minh Giang・大村晴・小川有子・川上崇と共著) 桜井由躬雄編『百穀社通信』8、1-30頁。

6月 「後背湿地の合作社―1997年ハーナム省合作社調査報告」(小川有子・柳澤雅之と共著) 桜井由躬雄編『百穀社通信』8、31-48頁。

6月 「ナムディン省沿岸合作社調査報告」(大村晴・森絵里紗・Vu Thi Kim Xuanと共著) 桜井由躬雄編『百穀社通信』8、49-83頁。

6月 「ナムディン省自然堤防砂丘地帯複合合作社報告―ヴーバン県」(大村晴・森絵里紗・Vu Thi Kim Xuanと共著) 桜井由躬雄編『百穀社通信』8、84-100頁。

1999 年 1 月　“Vietnamese Studies in Japan,1975-1996”（co-author Minoru Shimao）*Acta Asiatica* 76, pp.81-105.

3 月　「紅河デルタにおける労働力の移動について」『大蔵省委託インドシナ開発問題研究会報告書』財政経済協会、67-92 頁。

5 月　「19 世紀東南アジアの村落―ベトナム紅河デルタにおける村落形成」樺山紘一他編『岩波講座世界歴史 20 アジアの〈近代〉:19 世紀』岩波書店、119-148 頁。

5 月　「東アジアと東南アジア」濱下武志編『東アジア世界の地域ネットワーク』山川出版社、72-94 頁。

6 月　「コックタイン合作社の老人たちの生涯（2）」（小川有子・嶋尾稔・蓮田隆志・Dnag Xuan Khang と共著）桜井由躬雄編『百穀社通信』9、247-278 頁。

7 月　「合作社を基礎とする新しい農民生産組織の建設」石川滋・原洋之助編『ヴェトナムの市場経済化』東洋経済新報社、111-132 頁。

12 月　“Ha Tien or Banteay Meas in the Time of the Fall of Ayutthaya” Kennon Breazeale ed., *From Japan to Arabia, Ayutthaya's Maritime Relations with Asia,* Toyota Thailand Foundation, pp.150-220

2000 年 3 月　「紅河デルタにおける地域性の形成」坪内良博編『地域形成の論理』京都大学学術出版会、263-299 頁。

7 月　「バックコックの老人たちの生涯（3）」（Dang Xuan Khang・岩井美佐紀と共著）桜井由躬雄編『百穀社通信』10、5-32 頁。

7 月　“Rural Industrialization in Viet Nam” *Tokyo Workshop for the Joint Viet Nam- Japan Research, Phase 3, Japan International Cooperation Agency, 26-27 July 2000 Tokyo*,3-3, pp.1-28.

12 月「ベトナムの労働事情―労働の二重構造」日本労働研究機構編『ベトナムの労働事情』日本労働研究機構、1-20 頁。

2001 年 6 月　「メコンデルタ地方都市近郊村落の農業変容―ロンアン省タンアン市カインハウ社ジン集落の事例」『東南アジア研究』39-1、86-99 頁。

6 月　「東南アジアの原史―歴史圏の誕生」『岩波講座東南アジア 1 原史東南アジア世界』岩波書店、1-25 頁。

6 月　「南海交易ネットワークの成立」『岩波講座東南アジア 1 原史東南アジア世界』岩波書店、113-146 頁。

7 月　「フーコックの老人たちの生涯」（庄司智孝・Dang Xuan Khang と共著）桜井由躬雄編『百穀社通信』11、81-105 頁。

9 月　「総説」『岩波講座東南アジア 4 東南アジア近世国家群の展開』岩波書店、1-31 頁。

2002 年 1月 「ベトナムの勤王運動」『岩波講座東南アジア史 7 植民地抵抗運動とナショナリズムの展開』岩波書店、51-78 頁。

3月 「忘却の教訓 ベトナム戦争とは」澤田教一、酒井淑夫（撮影）『戦場―二人のピュリツアー賞カメラマン』共同通信社、154-165 頁。

2004 年 "Eighteenth-Century Chinese Pioneers on the Water Frontier of Indochina" Nola Cooke and Li Tana ed. *Water Frontier: Commerce and the Chinese in the Lower Mekong Region, 1750-1880*, National University of Singapore, pp.35-52.

2006 年 2月 「2001 年古老聞き取り」（Dang Xuan Khang・庄司智孝ほかとの共著）小川有子編『百穀社通信』12、2-29 頁。

2月 「2002 年古老聞き取り」小川有子編『百穀社通信』13、6-14 頁。

7月 " Giới thiệu: Báo cáo về quá trình nghiên cứu hợp tác xã Cốc Thành trong 10 năm: Từ năm 1994 đến 2003" Sakurai Yumio, Yanagisawa Masayuki biên tập, *Thông tin Bách Cốc*, số đặc biệt, pp.3-13.（「紹介：10 年間のコックタイン合作社研究の過程：1994 ～ 2003 年」桜井由躬雄・柳澤雅之編『百穀社通信』特別号）

12月 「ベトナム初級合作社の形成―紅河デルタ一小村バックコックのオーラルヒストリー 1959-1962」『史学雑誌』115-12、1-38 頁。

2007 年 3月 「2003 年古老聞き取り」（Dang Xuan Khang・高木香奈・Vu Minh との共著）桜井由躬雄・岡江恭史編『百穀社通信』14・15 合併号、4-13 頁。

3月 「2004 年古老聞き取り」（Dang Xuan Khang・高木香奈・Vu Minh との共著）桜井由躬雄・岡江恭史編『百穀社通信』14・15 合併号、146-182 頁。

3月 「2005 年ソム B 総合調査報告」桜井由躬雄・澁谷由紀編『百穀社通信』17 号、35-59 頁。

3月 「古老班調査報告」桜井由躬雄・澁谷由紀編『百穀社通信』17 号、112-124 頁。

3月 「前革命期紅河デルタ農民の村外労働市場―バックコックのオーラルヒストリー事例から」岩井美佐紀編『ベトナムにおける南北デルタ農村の人口移動に関する社会学的考察』（文部科学省科学研究費補助金基盤研究 B 研究成果報告書）、67-86 頁。

12月 「資源としての土地均分慣習―北部ベトナムバックコックムラ調査より」内堀基光編『資源人類学 1 資源と人間』弘文堂、299-330 頁。

2008 年 7月 "Giáo sư Yamamoto Tatsuro và Thương cảng Vân Đồn", *Kỉ yếu Hội thảo "Thương cảng Vân Đồn : Lịch sử, tiềm năng kinh tế và các mối giao lưu văn hóa*", Vân Đồn, Quảng Ninh, pp.41-50.

10月 "20 năm Viện Việt Nam Học và Nghiên Cứu Việt Nam tại Nhật Bản", Viện Việt Nam Học và Khoa Học Phát Triển, *20 Năm Việt Nam Học theo Định Hướng Liên Ngành*, Nhà Xuất Bản Thế Giới, pp13-23.

2009年 "Trường Giáo Xuyên, or the School of Teacher Xuyên, French-Style Education in a Village in Northern Vietnam during the 1930s" Yoneo ISHII ed., *The Changing Self Image of Southeast Asian Society during the 19th and 20th Centuries*（Toyo Bunko research Library 10）,Toyo Bunko,Tokyo, pp.158-186.

5月 「東南アジア史の40年」東南アジア学会監修『東南アジア史研究の展開』山川出版社、4-40頁。

2010年 1月 「ハノイ、ホアンキエムの微高地地表の形成」『東方学』119、163-143頁。

2012年 7月 「ホアンキエム地区の道路軸」『中国―社会と文化』27、46-69頁。

(2) 著書・編著書

1977年1月/1989年（新版）『東南アジア現代史 III―ヴェトナム・ラオス・カンボジア』世界現代史7（石澤良昭と共著）、山川出版社。

1984年1月 『中国江南の稲作文化 - その学際的研究』（渡部忠世と共編）、日本放送出版協会。

1985年9月 『東南アジア世界の形成』世界の歴史―ビジュアル版12（石井米雄と共著）、講談社。

1987年6月 『ベトナム村落の形成―村落共有田=コンディエン制の史的展開』創文社。

1988年『日本・ベトナム初期農耕比較論』（編）2巻、京都大学東南アジア研究センター。

1989年3月/1995年8月（第2版）『もっと知りたいベトナム』（編著）、弘文堂。

1989年12月『ハノイの憂欝』めこん。

1990年 *Land, Water, Rice, and Men in Early Vietnam: Agrarian Adaptation and Socio-Political Organization,* Keith Taylor and T.A.Stanley, ed. and tr., Kyoto University

1994年（1998年、2003年、2007年）『世界史B』（共編著）、東京書籍。

1993年2月 『地域からの世界史4 東南アジア』（石澤良昭・桐山昇と共著）、朝日新聞社。

4月 『英雄たちのアジア』別冊宝島EX（編著）、JICC出版局。

1995年1月 『百穀社通信』第1号（編著）、東京大学文学部桜井研究室。

1996年4月 『百穀社通信（1995年夏期調査報告特集）』第4号（編著）、東京大学大学院人文社会系研究科南アジア東南アジア歴史社会専攻研究室。

7月　『百穀社通信』第5号（編著）、東京大学大学院人文社会系研究科南アジア東南アジア歴史社会専攻研究室。

1997年2月　『百穀社通信』第6号（編著）、東京大学大学院人文社会系研究科南アジア東南アジア歴史社会研究室。

3月　『緑色の野帖─東南アジアの歴史を歩く』めこん。

7月　『百穀社通信』第7号（編著）、東京大学大学院人文社会系研究科南アジア東南アジア歴史社会研究室。

1998年6月　『百穀社通信』第8号（編著）、東京大学大学院人文社会系研究科南アジア東南アジア歴史社会研究室。

1999年5月　『ベトナムの事典』（共編著）、同朋舎。

6月　『百穀社通信』第9号（編著）、東京大学大学院人文社会系研究科南アジア東南アジア歴史社会研究室。

12月『東南アジア史1大陸部』新版 世界各国史5（共編著）、山川出版社。

2000年7月　『百穀社通信』第10号（編著）、東京大学大学院人文社会系研究科南アジア東南アジア歴史社会研究室。

2000年8月『 米に生きる人々─太陽のはげまし、森と水のやさしさ』、集英社。

2001年7月　『百穀社通信』第11号（編著）、東京大学大学院人文社会系研究科南アジア東南アジア歴史社会研究室。

9月　『岩波講座東南アジア史4　東南アジア近世国家群の展開』（編著）、岩波書店。

2002年1月　『世界地理百科事典4　アジア・オセアニア1』（共編）、朝倉書店。

4月　『東南アジアの歴史』放送大学教育振興会。

2006年5月　『前近代の東南アジア』放送大学教育振興会。

7月　『百穀社通信』特別号（共編著）、東京大学大学院人文社会系研究科南アジア東南アジア歴史社会研究室。

10月『歴史地域学の試み　バックコック』東京大学大学院人文社会系研究科南アジア東南アジア歴史社会研究室。

2007年3月　『百穀社通信』14・15合併号（共編著）、東京大学大学院人文社会系研究科南アジア東南アジア歴史社会研究室。

3月　『百穀社通信』第17号（共編著）、東京大学大学院人文社会系研究科南アジア東南アジア歴史社会研究室。

(3) 翻訳

1969年 ジョルジュ・セデス著『インドシナ文明史』（辛島昇・内田晶子と共訳）、みすず

書房。

【海外調査・研究歴】

1. 1975年 8月　ベトナム（史料調査）
2. 1976年 11～12月 香港（在香港旧ベトナム共和国領事館所蔵ベトナム関係史料収集）
3. 1977年 8月　タイ（第7回国際アジア歴史家会議出席）
4. 1978年 1～11月 タイ・シンガポール・ビルマ（在バンコク、ベトナム寺院所蔵ベトナム仏教経典収集）
5. 1980年 12月～1981年1月　インドネシア（スラウェシ島沿岸伝統農法調査）
6. 1982年 8～11月 インド・スリランカ（南インド溜池灌漑地域の伝統農法調査）
7. 1983年 1～3月　フランス（在パリフランス陸軍文書館所蔵1885年対仏反乱関係史料収集）
8. 1983年 11月　フィリピン（第9回国際アジア歴史家会議出席）
9. 1985年1月～1987年1月　ベトナム（現代ベトナム政治経済研究）
   1986年 11月　シンガポール（第10回国際アジア歴史家会議出席）
   1986年 4月　タイ（北タイ調査）
10. 1988年 4～10月 インドネシア・マレーシア（インドネシア伝統的海域都市の立地調査）
11. 1989年 8～10月 パキスタン・イラン・イラク・エジプト・ギリシア（オアシス集約農業とカナート（地下灌漑）の立地調査）
12. 1989年11月～1990年2月
    タイ（港市国家の地理環境に関する調査）
13. 1990年 3月　ベトナム（ホイアン国際会議出席）
14. 1990年 7～8月　中国（農業史調査）
15. 1990年 12月　ベトナム（ホイアン遺跡調査）
16. 1991年 5月　香港（第11回国際アジア歴史家会議出席）
17. 1991年 8月　中国（農業史調査）
18. 1991年 12月～1992年1月　ベトナム・ラオス・タイ（インド化遺跡調査）
19. 1992年 7月　ベトナム（国立文書館における史料収集）
20. 1992年 7～8月　シンガポール・インドネシア（留学生調査）
21. 1992年 9月　マレーシア（東南アジア近世国際会議出席）
22. 1992年 12月　バングラデシュ（村作り調査）
23. 1992年 12月　マレーシア・タイ（インド化調査）

24. 1993年3月　　タイ（農村伝承の調査）、ビルマ（シャン高原農村調査）
25. 1993年6月　　中国（留学生に関する打ち合わせ）
26. 1993年7～8月　ベトナム（農村立地調査）
27. 1993年12月　　ベトナム（文献調査）、インドネシア（インド化遺跡調査）
28. 1994年3月　　タイ（ナコーンパトム村落調査）、タイ（マハチャナチャイ農村伝承調査）
29. 1994年7～8月　ベトナム（ヴィンフー省農村調査、ナムディン省バックコック農村調査）
30. 1994年9月　　ベトナム（日本研究センター設立準備）
31. 1994年12月　　ベトナム（メコンデルタ農村調査）、カンボジア（農村調査）
32. 1995年3月　　中国（松江県農村調査）
33. 1995年5月　　ラオス(農村調査)、ベトナム(JICA国別援助会議ワークショップ)
34. 1995年7～8月　ベトナム（バックコック社農村調査）
35. 1995年11月　　ベトナム（紅河デルタ水利調査）
36. 1995年12月　　ベトナム（メコンデルタ カインハウ村落予備調査）
37. 1996年3～4月　台湾（桃園県農村調査）、タイ（マハチャナチャイ郡農村調査）、カンボジア（研究連絡）
38. 1996年5月　　タイ（バンコク 国際アジア歴史家会議出席）
39. 1996年7～8月　ベトナム（ヴィンフー省農村調査、バックコック社農村調査）
40. 1996年11月　　ベトナム（ハノイ 投資計画省との市場化支援に関する研究打ち合わせ）
41. 1996年12月　　ベトナム（ロンアン省農村調査）、カンボジア（ウドン地区測量）
42. 1997年3月　　インドネシア（スマトラ島広域調査）、タイ（東北タイ農村調査）
43. 1997年6月　　ベトナム（ハノイ 投資計画省との市場化支援に関する研究打ち合わせ）
44. 1997年7～8月　ベトナム（ナムディン省など沿岸村落調査、バックコック村落調査）
45. 1997年12月　　ベトナム（ロンアン省、ハーナム省農村調査）
46. 1998年3～4月　マレーシア（ペナン村落調査）、タイ（東北タイ村落移動調査）、ベトナム（ハノイ 国際研究大会準備）
47. 1998年6月　　中国（成都 留学生試験）
48. 1998年7～8月　ベトナム（ベトナム研究国際会議出席、バックコック村落調査）
49. 1998年10月　　ロシア（モスクワ大学・レーニングラード東方学院訪問）
50. 1998年12月　　ビルマ（ドライゾーン調査）
51. 1999年3月　　マレーシア（スランゴール州村落調査）

52. 1999年5月　中華人民共和国（厦門 留学生試験）
53. 1999年7～8月　ベトナム（ベトナム社会人文科学国家センターでの講義、バックコック村落調査）、ビルマ・タイ（留学生試験）
54. 1999年12月　ベトナム（ホーチミン南部華僑のアクティヴィティに関するワークショップ参加、北部山地タイ人集落の調査）
55. 2000年1月　カンボジア（ポストアンコール遺跡調査、アンコールワークショップ参加）
56. 2000年3～4月　ベトナム（村落工業化調査）
57. 2000年4月　中華人民共和国（北京、天津 留学生試験）
58. 2000年6月3～4日　ベトナム（村落工業化調査）
59. 2000年6月24～27日　ベトナム（村落工業化ワークショップ）
60. 2000年7月29日～8月23日　ベトナム（バックコック村落調査）
61. 2000年9月14～17日　台湾（ベトナム中国関係シンポジウム参加）
62. 2000年12月8～21日　ベトナム（5ヵ年計画にかかわるワークショップ出席、タイグエン調査）
63. 2001年3月5～30日　マレーシア・タイ・ラオス・ベトナム調査
64. 2001年4月25～28日　中国（長春 留学生試験）
65. 2001年8月1～14日　ベトナム（村落調査）
66. 2001年10月20日～2002年10月19日　オランダ（ライデン大学で授業）
67. 2002年3月4～10日　タイ（南タイ村落調査）
68. 2002年5月24～30日　フランス（リヨン大学 仏越会議出席）
69. 2002年6月　ロシア（サンクトペテルスブルグ大学 欧越会議出席）
70. 2002年7月　ベトナム（村落調査）
71. 2002年11月24～30日　オーストラリア（オーストラリア国立大学 豪越会議出席）
72. 2002年12月　ベトナム（ロンアン省村落会議出席）
73. 2003年3月4～20日　タイ（北タイ村落調査）
74. 2003年4月　中国（北京、大同 奨学生試験）
75. 2003年7月24日～8月23日　ベトナム（村落調査）
76. 2003年9月13～20日　ベトナム（ベトナム国家大學主催日越国交30周年記念シンポジウム）
77. 2004年3月　ベトナム（ハノイ都市調査）
78. 2004年7～8月　ベトナム（村落調査）
79. 2004年9月　ベトナム（ハノイ情報学国際会議出席）
80. 2005年3月　ミャンマー（調査旅行）

81. 2005年4月　　中国（大連 奨学生試験）
81. 2005年6月　　ベトナム（ハノイ情報学国際会議打ち合わせ）
82. 2005年7～8月　ベトナム（村落調査）
83. 2005年11月　　ベトナム（ハノイ地域情報学シンポジウム参加）
84. 2005年11月　　ベトナム（ハノイ、ホーチミン 日本留学生支援機構留学生フェア参加）
85. 2005年 12月　　ベトナム（ハノイ都市調査）
86. 2006年2月　　タイ（バンコク研究打ち合わせ）
87. 2006年3月　　韓国（農村調査）
88. 2006年4月　　中国（青島 留学生試験）
89. 2006年8月　　ベトナム（ハノイ都市調査）
90. 2006年12月　　ベトナム（ハノイ都市調査）
91. 2007年3月　　タイ（バンコク調査）
92. 2007年5月　　中国（広州 留学生試験）
93. 2007年8月　　ベトナム（ハノイ都市調査）
94. 2007年12月　　ベトナム（ハノイ都市調査）
95. 2008年3月　　ベトナム（バックコック調査、北部山岳地帯調査）
96. 2008年5月　　中国（杭州 留学生試験）
97. 2008年8～9月　ベトナム（ハノイ都市調査）、フィリピン・マレーシア（マニラ、クアラルンプール 奨学生試験）
98. 2008年12月　　ベトナム（ハノイ都市調査、第3回ベトナム学国際大会参加）
99. 2009年3月　　ベトナム（ビンズオン省農村調査）
100. 2009年4月　　ベトナム（ハノイ桜祭り組織）
101. 2009年6月　　ベトナム（ハノイ 工業区シンポジウム組織）
102. 2009年9月　　ベトナム（ハノイ ハイバーチュン区調査）
103. 2009年11月　　ベトナム（バックコック調査）
104. 2009年12月　　ベトナム（ベトナム国家大学で授業）
105. 2010年 3月　　マレーシア（ケダ地区調査）
106. 2010年 10月　　ベトナム（ハノイ タンロン1000年記念シンポジウムで講演）
107. 2010年 12月　　ベトナム（ベトナム国家大学で地域学授業）
108. 2011年 2月　　タイ（東北タイ調査）
109. 2011年 3月　　インドネシア（ジャワ島カラワン調査）
110. 2011年 4月　　ベトナム（合作社シンポジウム参加）
111. 2011年 10月　　ベトナム（ハノイ建都1000年記念シンポジウムに参加）

112. 2011年 12月　　ベトナム（ベトナム国家大学で地域学授業、タインスアン地区で個人史聞き取り）
113. 2012年 2～3月　カンボジア・タイ（カンボジア西王道調査、ウボン越僑調査）
114. 2012年 4～7月　タイ（バンコク、王道調査）
115. 2012年 8～9月　ベトナム（ラオカイ、タイビン調査）
116. 2012年 11月　　ベトナム（第4回ベトナム学国際会議出席）

［桜井由躬雄先生が作成された資料を補充］

一つの太陽——オールウエイズ

初版第1刷発行　2013年4月13日

定価2000円＋税

著者　桜井由躬雄
装丁　臼井新太郎
組版　面川ユカ
発行者　桑原晨

発行 株式会社 めこん

〒113-0033 東京都文京区本郷3-7-1
電話 03-3815-1688　FAX 03-3815-1810
ホームページ　http://www.mekong-publishing.com

印刷　太平印刷社
製本　三水舎

ISBN978-4-8396-0272-7　C0030　¥2000E

0033-1308272-8347